DE
Draak
BINNENIN
Araya AnRa

DE Draak BINNENIN

Araya AnRa

De Draak Binnenin
Uitgegeven in het Nederlands in 2024 door Invoke Healing International
Auteursrechten © 2008 Araya AnRa and Invoke Healing International

Vertaald door Willeke Huijsmans

Omslagillustratie door Mary Angela Brown

ISBN 13: 978-1-7330983-8-0

OCC033000   BODY, MIND & SPIRIT / Gaia & Earth Energies
OCC011000   BODY, MIND & SPIRIT / Healing / General

10 9 8 7 6 5 4 3 2 1

Gedrukt op zuurvrij papier

Email: araya@dragonwithin.com
Website: www.dragonwithin.com

Inhoudsopgave

Het Drakenaspect *29*

INHOUDSOPGAVE

Ongeveer twee jaar voor dit project begon, werd ik in een meditatie meegenomen naar de diepe oceaanbodem voor de kust van Peru. Ik bevond me in de aanwezigheid van Tanaa, de vrouwelijke Water Draak. Ze leek op dat moment te slapen, aangezien haar ogen gesloten waren, toch was er beweging achter haar gigantische ooglid terwijl ik daar roerloos naast haar stond. Ze communiceerde met mij zonder woorden en presenteerde zichzelf zo in mijn leven. Het was het begin van onze communicatie en nu, terwijl ik terugkijk, ook het begin van het Drakenwerk, waarvan mij gevraagd zou worden het de wereld in te brengen.

Onze communicatie was aanvankelijk kort, voornamelijk over haar langzame ontwaken en haar verlangen naar mij om af en toe bij haar te komen zitten en bij haar te zijn, wat ik ook deed. Ongeveer een jaar later begon ik me bewust te worden van de aanwezigheid van draken in bepaalde personen met wie ik energiesessies deed. Het leek alsof deze personen draken in hun ruggengraat hadden die vastzaten, die probeerden tevoorschijn te komen en onderweg energetisch ergens 'gevangen' waren geraakt. Het werd onderdeel van mijn werk om deze draken te wekken en te bevrijden en tegelijkertijd een nieuwe drakenenergie op te wekken binnen de persoon, waar ze zich in hun dagelijks leven zeer bewust van werden.

Het was echter pas in augustus 2007, bij de eerste Womb of the World Gathering in Kona, Hawaii dat het drakenwerk op grotere schaal in mijn leven kwam. De avond voorafgaand aan de bijeenkomst ontmoette ik Padma Prakash voor het eerst persoonlijk. We hadden een luchtig gesprek met een van de andere deelnemers en op de een of andere manier kwam mijn werk met de draken in mijn individuele sessies met mensen ter sprake. Zoals hij dat kan doen, draaide Padma zich naar me toe, keek me recht aan en zei: "Je zult dit weekend iets naar voren brengen met de draken."

Ik weet niet zeker of mijn antwoord nou zelfbewust was of juist onzeker, maar ik lachte het weg en antwoordde: "Nou, als je er meer over te weten komt, zou je het me dan willen laten weten?" Ik stopte het vervolgens meteen weg ergens in mijn achterhoofd, ernaar uitkijkend om voor een keer deelnemer te zijn in plaats van facilitator.

Op de derde dag was het duidelijk dat ik inderdaad een rol had en terwijl ik toekeek, ontvouwde het zich op de meest gracieuze, organische manier en ik ontvouwde mijzelf ook op de meest gracieuze, organische manier. We waren de bijeenkomst aan het afronden met een ceremonie en ritueel in de heilige wateren van Pu'uhonua O Honaunau ('Place of Refuge'), in het baarwater van de ouden, ingebed in de lavastromen van het land, met pal ernaast de beukende golven van de zee.

Na voorbereid te zijn door twee van de priesteressen in de groep, zat ik in meditatie en voelde ik TaNaa van de zeebodem opstijgen en deze heilige poel energetisch betreden. Ik opende mijn ogen en het was alsof dat een teken was voor Padma. Hij keek me aan en zei: "Ze is hier, ben je klaar?" Ik ging het water in en zwom naar haar toe, de heilige taal van Mu die in me opkwam, zingend in het water. We zijn toen samengevoegd, in een dreunende wervelende stroom in de poel en toen ik opstond, was zij het die door mijn ogen keek en door mij heen bewoog. Daarna ontmoette zij alle ingewijden, die het water in gingen om haar geschenk te ontvangen: het ontwaken van hun Baarmoeder Draak.

Twee dagen later, tijdens een informele maaltijd aan onze favoriete tafel in het plaatselijke café waar we vaak kwamen, wendde

Padma zich op zijn kenmerkende manier tot me en zei: "Je realiseert je dat je nu een boek moet schrijven." Met een nieuwe zachtheid van binnenuit en zonder aarzeling, antwoordde ik deze keer alleen maar: "Ja, ik weet het.

De simpele waarheid ervan was heel duidelijk en zo beslissend, dat het me gemakkelijk afging om de volgende stappen te horen en te volgen. Eerst leidde mijn pad naar Engeland, het land van de draken, waar nog steeds de meest tastbare verbinding loopt door de leylijnen. Door Spirit de weg te laten wijzen, ervaarde ik de draken rond Avebury en West Kennett Longbarrow gedurende het Samhain festival met de lokale druïden. Kort daarna belandde ik in een accommodatie uit de oudheid in Glastonbury, die letterlijk minder dan 400 meter verwijderd lag van het Drakenpad, waar ik op dat moment nog geen bewuste kennis van had. Het was de enige huuraccommodatie zo dichtbij, met alles wat ik nodig had om me te concentreren en te schrijven: eenzaamheid, een kleine keuken en uitzicht op de Tor. Als we Spirit de weg laten kiezen, is dat altijd magisch en goddelijk.

Ik bracht mijn tijd daar door in diep contact met elk van de draken, mediterend, zingend en ademend met hen, om vervolgens urenlang deze informatie in een beknopte en bruikbare vorm proberen te gieten. Een van de dingen die ik leuk vind aan draken, is dat ze erg praktisch en efficiënt zijn. Er is geen tijdverspilling en geen ruis, je zult dit merken als je je verdiept in het werk. De uitleg en achtergrondinformatie zijn bedoeld om het mentale deel van onszelf te voeden en dit zal je hopelijk genoeg bagage geven om je te verdiepen in het leukere deel van het werk, namelijk om in de aanwezigheid van de draken zelf te zijn en met hen te versmelten.

Dit was en is nog steeds, de meest ongelooflijke rit die ik me ooit had kunnen voorstellen Ik ben Padma eeuwig dankbaar voor zijn doordringende helderheid, voor zijn ondersteuning in Londen bij het energetisch verankeren van het project en zijn hulp bij het focussen ervan. Zijn deelname aan het hele project was van onschatbare waarde. Mijn wens voor jou is dat jij ook hiervan mag profiteren en dat het ontwaken van je draken jouw eigen Pad en Hartenwensen aan het licht mogen brengen.

Met de diepste liefde en respect voor alle wezens,

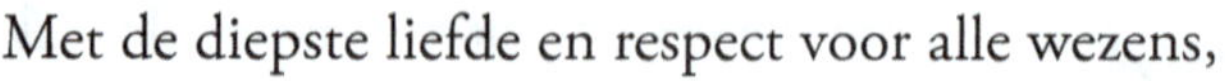

Araya AnRa

Reno, Nevada
Februari 2008

Update oktober 2008: De reis van dit drakenwerk blijft zich ontvouwen. Veel nieuwe informatie, waaronder de aanwezigheid van meer draken die klaar staan om met de mensheid samen te werken, werd onthuld tijdens mijn pelgrimstocht naar Egypte in maart 2008, niet lang na het verschijnen van de eerste editie van The Dragon Within. Deze informatie is verwerkt in de huidige editie.

Terwijl ik blijf werken met deze magnifieke Wezens, wordt er meer onthuld, wordt er meer gerealiseerd en ontstaan er hogere niveaus van opschoning. Ik kijk uit naar de voortdurende onthullingen tijdens deze reis, naarmate de verschuiving in bewustzijn vordert die op het pad voor ons ligt. Ik ben me er al van bewust dat een geheel nieuwe octaaf van draken nu tot stand komt, dus dit belooft voor volgend jaar nieuw werk en nieuwe openingen, alsook een nieuw boek.

Inleiding

We bevinden ons in een tijdperk van verschuiving. Er is een enorm ontwaken op de planeet gaande, onder allerlei verschillende groepen mensen. 'Lichtwerker' is een veel voorkomende term geworden, evenals DNA-activaties, soundhealing, channeling, verbinding met andere dimensies en interdimensionale wezens. Het goddelijke vrouwelijke is weer op komst, op een nieuwe, krachtige, evenwichtige manier. En het is allemaal gericht op het zogenoemde 'Ascensie'-proces, wat in feite juist een afdaling is van onze Lichtlichamen naar het fysieke gebied.

We gebruiken geluid, adem en kleur om te helen, te zuiveren, te activeren... we worden ons door middel van deze praktische oefeningen bewust van ons enorme zelf, als mede-scheppers van onze realiteit. We richten ons op tantra en ademwerk om kanalen in het lichaam te openen en zo verder te evolueren. Deze oefeningen zijn in de meeste gevallen eigenlijk oeroude kennis en kunde die weer opduiken op nieuwe manieren, met nieuwe terminologie die past bij de 21e eeuw. In de oudheid werd hierbij nog drakenterminologie gebruikt: drakenadem, draakmantra's, drakenbeweging, drakensymbolen. De oude beschavingen waar we deel van uitmaakten, waren veel dichter bij de aarde en de natuur en waren zich dus nog steeds bewust van deze energieën en in staat om hier verbinding mee te maken. Er was geen angst die dat verhinderde.

Het is relatief gezien nog niet zo heel lang geleden dat we ons hebben wegbewogen van deze verbinding en kennis. We hadden een angst opgebouwd rond 'reptielachtige' energie en vorm, waardoor de fysieke draken die nog steeds op de planeet woonden, verdwenen. Er ontstonden legendes van 'Dragon Slayers': van verhalen over de draken als afzichtelijke, gevaarlijke, bloeddorstige wezens. Deze angsten werden in verschillende culturen uitgebreid tot een angst voor alle vormen van natuuraanbidding van de aarde, de godin, de deva's en natuurgeesten enzovoort. De tijd is gekomen om dit om te draaien, er opnieuw naar te kijken, met nieuwe ogen en open harten om de waarheid van onze bron te begrijpen, zodat we naar het volgende niveau kunnen gaan.

Onze stroom van leven, overvloed, creativiteit en vrijheid is verbonden met het op een nieuwe en bewuste manier van werken met deze drakenenergieën. Het is de voltooiing van deze spiraal door terug te keren naar de oudste scheppingsenergie, zogezegd naar onze moleculaire wortels. En deze keer met een bewustzijn dat ons in staat stelt door te bewegen naar de volgende evolutionaire fase: de volgende spiraal.

Veel moderne praktische oefeningen zijn erop gericht om ons 'naar de kosmos' te brengen. Naar gelukzalige plaatsen vol kennis, genezing en begeleiding. De sleutel tot onze verschuiving zit in de omgekeerde beweging: het doorlussen van het licht en de vibratie van de kosmos terug in onszelf. Vervolgens laten we het bewust door de meest verdichte lagen in onze kern doordringen en daarna door Gaia, waar de meest trage trillingen van onze reptielachtige start nog steeds aanwezig zijn. De immense Liefde die dit Licht met zich meebrengt zet de transmutatie in van deze lagen, daarna gaat het vanuit ons wezen weer de kosmos in. Dat alles in een eindeloze golf - een gigantisch lemniscaat of toroïde spiraal.

Deze energie, gecreëerd door de hele mensheid, verhoogt het lichtniveau en zet de ontbinding van de verdichting op de planeet in gang. Deze verdichting voelen we allemaal; hetzij bewust, hetzij onbewust. Onze grootste taak en verantwoordelijkheid is om het hoogste niveau van onze individuele vibraties, ons Lichtlichaam, naar dit gebied te brengen. Dit kan alleen via hetzelfde geboortekanaal als waar wij zelf doorheen zijn gegaan, toen wij hier aankwamen. Dat is via de kristallijne matrix, die zich in de kern van Gaia bevindt. De toegang is gevormd door lagen van verdichting, die door de draken op hun plaats worden gehouden. We moeten deze lagen dus eerst begrijpen en begrijpen hoe we ermee kunnen werken en er weer contact mee kunnen maken.

Draken hebben vanaf het begin een rol gespeeld in de geschiedenis van het universum. We zien ze verspreid door oude tradities, religies en filosofieën en toch verbleven ze vooral in een sfeer van mythes en legendes. In sommige tradities werden de draken zeer gewaardeerd. De Naga's bijvoorbeeld hadden een plaats in de hindoeïstische en boeddhistische leer. Afgebeeld als waterdraken of slangen, stonden de Naga's bekend als de Wachters of Bewaarders van geheime kennis. Ze deelden deze kennis alleen met toegewijden of ingewijden, zoals Nagarjuna, een van de belangrijkste boeddhistische filosofen in de geschiedenis. Tijdens een meditatie aan een meer in India ontving hij de geheime kennis van de Naga die daar woonde en die het voor hem bewaakte, om het vervolgens met miljoenen boeddhisten door de eeuwen heen te delen.

De Tibetaans-boeddhistische monniken beoefenden boventonen bewust bij watervallen, om bijgestaan te worden door de Water en Lucht Draken, om op deze manier hun geluid en ademgebruik te verfijnen. Aangezien zij werden aangemerkt als activators van de levenskracht, waren de tantra Naga's van de hindoeïstische leringen een essentieel onderdeel van de zoektocht van een student om verlichting te bereiken. Zelfs de Boeddha werd vaak afgebeeld met slangen en draken om hem heen. Er wordt gezegd dat de keizerin of koningin van de Naga's hem herkende en voor hem verscheen, hem groetend als een avatar, voorafgaand aan zijn verlichting.

In de christelijke traditie werden deze wezens niet aanbeden maar gevreesd, tezamen met de ongebreidelde, wilde vrouwelijke energieën die ze vertegenwoordigden. Omdat men niet het vermogen had om ze te beheersen, koos men ervoor om ze volledig uit te wissen. De heidense natuuraanbidders, druïden, priesteressen, heksen... alles wat met het Goddelijke Vrouwelijke, de Aarde en de Draken te maken had, werd verbrand of begraven in een poging tot onderdrukking. Ze bleven alleen bestaan in de legendes en mythen, totdat de tijd rijp was voor de wederopstanding, voortgebracht door de draken zelf.

Deze wederopstanding is nu, op het moment dat de terugkeer van het Goddelijke Vrouwelijke ook rijp is, omdat ze onlosmakelijk met elkaar verbonden zijn. Om dit te begrijpen, gaan we terug naar de oorspronkelijke formatie van de planeet Aarde en Tiamat, de moeder van vorm. Vóór de schepping van Gaia en haar bewustzijn, moest het lichaam van de aarde worden gevormd. Dit was de rol van Tiamat, de oermoeder van vorm... chaos... dichtheid... waardoor alle dingen in fysieke vorm komen. Door een samenwerking met de Kristallijne Draak en Metatron, de Hoogste Aartsengel, werd de geometrie gecreëerd voor de vorm van de aarde met een Kristallijne Kern en Hart van Vuur. De leylijnen, ofwel het DNA van Gaia, werden vervolgens gecreëerd om de energieën van bewustzijn te verankeren, zodat Gaia tot stand kon komen.

Als schepper zijnde, werd Tiamat ook de bewaker van Gaia's geplande ascensie. Als de tijd daar was, zou de mensheid zich weten te verbinden met Tiamat en zou ze worden vrijgelaten, waardoor de opgang van de aarde naar het licht mogelijk zou worden. Met de activering van Gaia's Lichtlichaam zouden geest en materie echt met elkaar verbonden zijn. Dit kan pas gebeuren als de mensheid een bepaald niveau van Licht of verankering van hun Lichtlichamen in het fysieke heeft bereikt.

De eerste beschermingslaag die ze rond Gaia creëerde, was de laag rond de kern van de planeet. De bekende scheppingsstructuur, 12 rond 1, werd duidelijk in de 12 Draken van Mu. Ze vormden tegelijkertijd zowel de eerste scheppingslaag, als de eerste beschermlaag. Ze zijn gemaakt om de vorm op zijn plaats te houden en de mogelijkheden uit te breiden van creatie en vorm. Ze vertegenwoordigen de polariteiten van de 3e dimensie en de elementen waaruit alle creaties op het fysieke vlak bestaan.

Deze twaalf waren de zes mannelijke/vrouwelijke paren van Zwarte, Witte, Aarde, Lucht, Vuur en Water Draken. Ze zijn, na Tiamat, de grootsten en oudsten op de planeet en bevatten de sleutels van ons individuele ontwaken, het verankeren van ons

Lichtlichaam in het fysieke, en zij vormen op deze manier de sleutels van onze rol in Gaia's 'hemelvaart'. Ze zijn ook verantwoordelijk voor de catastrofale gebeurtenissen in de natuur gedurende eonen, welke cruciaal zijn geweest voor het ontwaken voor de mensheid.

Door onze hernieuwde verbinding met de drakenenergieën (die nu weer beschikbaar komen), kunnen onze lichtlichamen volledig worden geaard in het fysieke. Dit is de reden dat de draken weer opduiken en op dit moment zo'n cruciale rol op de planeet spelen. Via de energetische drakenlijnen kunnen alle energieën tussen ons menselijk lichaam (DNA), ons Lichtlichaam (ziel) en Gaia (natuur) met elkaar worden verbonden. Zonder deze drakenenergieën kunnen er geen volledige activaties zijn van onze individuele baarmoeders (of hara's voor mannen). Dus ook niet die van Gaia. Deze drakenenergie is een voorwaarde voor ascensie voor Gaia en voor een bewuste verbinding tussen deze planeet en de rest van het universum.

Nu zijn wij degenen die verantwoordelijkheid dragen om Licht in de diepste donkerste materie (Tiamat) te brengen, zoals Christus en de Boeddha Padmasambhava dat deden, zodat Geest kan worden gerealiseerd als materie. En zodat alle wezens, inclusief Gaia, zich helemaal kunnen verenigen met hun Lichtlichaam. Zo ontstaat ook identificatie met de ziel en niet alleen met lichaam en geest. Het gaat niet langer om enkele bewuste individuen die deze taken uitvoeren. Het gaat om ons als collectief.

Gelukkig is het zo, dat veel zielen op de planeet nu bewust zijn en klaar om in hun dharma, hun rol te stappen in dit grootse toneelstuk. Tiamat weet al dat ze voor het eerst in eonen is gezien. We zijn ons bewust van haar aanwezigheid, die strak om de kern van de planeet is gewikkeld, Gaia's baarmoeder, om haar te verbergen en te bewaken. We zijn ons ook bewust van het proces dat nodig is om haar vrij te laten. Vanwege haar chaotische, verdichte aard raakt ze ons zowel in onze diepste opwinding, als in onze diepste angsten.

Een van de meest angstaanjagende dingen voor mensen is om volledig verbonden te zijn met de pure stroom van LEVEN. Het kan niet worden bestuurd of gecontroleerd... er is geen MIND in je meest ware aard, je kunt je alleen in pure vreugde laten meevoeren.

DIT IS GODS VERLANGEN..., VOOR ELKE ZIEL IN HET UNIVERSUM OM PUUR, ECHT ZIJN TE ERVAREN

Dit is Gods verlangen voor ons als co-creaties, voor elke ziel in het universum om puur, echt ZIJN te ervaren: in VREUGDE, LEVEND te zijn, in ELK moment.

En terwijl we de stappen voorwaarts voortzetten om deze grote sprong in onze evolutie te maken, zal Tiamat onze toewijding en intentie kennen en voelen. Ze weet al dat de Raad van de Draken van Mu voor het eerst in miljarden jaren is bijeengekomen. Deze bijeenkomst resulteerde in het vrijkomen van de vortex van vuur uit de baarmoeder van Gaia. Deze vortex is zowel verbonden met Tiamat, als met het Hart van Vuur in de Kristallijne Kern.

Deze vortex opende vele kanalen op de planeet, van de kern tot aan het oppervlak. Deze kanalen maken deel uit van het drakenraster van leylijnen. Degenen die al afgestemd zijn op de draken, zijn zich sinds deze gebeurtenis bewust van een meer fysieke en constante aanwezigheid van specifieke draken. Via deze kanalen konden veel draken voor het eerst in eonen volledig naar boven komen. Degenen die al een connectie met de draken voelden, realiseren zich ook op een dieper niveau dat ze de belichaming zijn van deze draken. Zij en de draken zijn één. Dit is een krachtig besef van hun ware aard en hun veelheid aan ervaring.

Gaia's ascensieproces is verbonden met de onze. Dus als we eraan willen werken om haar te verlossen, zodat ze kan 'ascenderen', moeten we ons eigen werk doen om onze individuele Lichtlichamen te verankeren en onze drakenleylijnen te activeren. Zowel in onze individuele fysieke vormen, als in de aarde zelf. Door te werken met de draken en de energieën die ze ons brengen, ligt dit binnen ons bereik.

HET *Menselijke* ASPECT

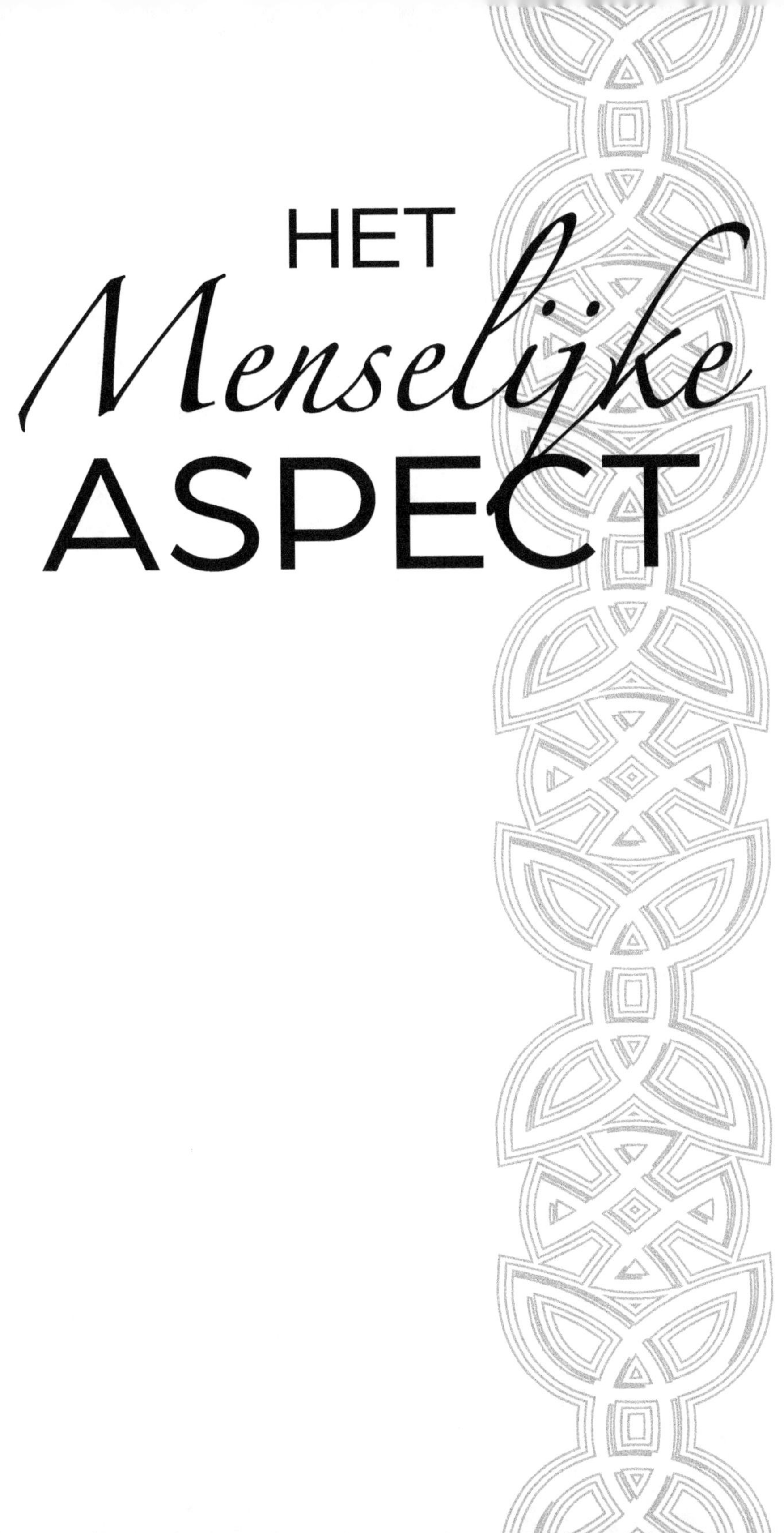

Het Menselijke Aspect

DE VERBINDING TUSSEN HET MENSELIJK LICHAAM (DNA), HET LICHTLICHAAM (ZIEL) EN GAIA (NATUUR)

We zijn ons bewust van de DNA-structuur van het menselijk lichaam en de historisch beperkte verbinding van 2 strengen. In feite zijn er minstens 12 strengen (de Egyptenaren wisten van 64 strengen en de Atlantiërs van 144), terwijl de rest van de verbindingen verbroken zijn en inactief liggen te wachten om opnieuw te worden verbonden. Het Lichtlichaam draagt ook dezelfde 12-144 codering van strengen, in etherische vorm. Dit is de blauwdruk van onze ziel. Ook zij zijn tot nu toe inactief en liggen te wachten, om opnieuw te worden verbonden en verankerd met de strengen in het fysieke lichaam.

Deze strengen zijn losgekoppeld, omdat we ervoor hebben gekozen om pijn en scheiding te ervaren in de dualiteit. We hebben deze fysieke en etherische DNA-strengen slapend gehouden en losgekoppeld, vanwege ons verlangen om te begrijpen wie we zijn, door het tegendeel ervan te ervaren. Door de scheiding van de Bron voelen we een onderliggend constant zoeken en verlangen om er weer mee in contact te komen. Zodra we de bewuste keuze maken om ons opnieuw te verbinden, creëren we een verenigd chakraveld in het menselijk lichaam, door het te verbinden met het Lichtlichaam en hebben we toegang tot onze volledige zielsblauwdruk. Dan beleven we opnieuw de verbinding met het Eenheidsbewustzijn.

> ## WE ZIJN NOOIT ECHT ALLEEN OP DEZE REIS –
>
> ## DIT IS EEN VAN DE GROOTSTE ILLUSIES

We zijn nooit echt alleen op deze reis - dit is een van de grootste illusies. Soms hebben we ons overweldigd of alleen gevoeld en onbegrepen, alsof niemand de urgentie van ons pad met ons meevoelde. Of ook door de vreemde wendingen die we op onze paden hebben genomen, schijnbaar intuïtief, om ons naar de plaatsen te leiden waar onze ziel naar streeft. Naarmate ons bewustzijn toeneemt en het begrip naar binnen sijpelt, realiseren we ons dat we deel uitmaken van de aarde, van Gaia. Dat onze onderlinge evolutie nauw verbonden is met de hare en dat we verantwoordelijk zijn voor het verankeren van Gaia's Lichtlichaam.

Om dit te doen, moet er een kritische massa van Licht op de planeet bereikt worden. Terwijl we elk afzonderlijk vooruitgang boeken in de richting van de verankering van het Goddelijke, ons Lichtlichaam, vinden we nu gelijkgestemden en kunnen we ons gezamenlijke licht verbinden en kan het als een lopend vuurtje de wereld rondgaan.

Door de drakenenergielijnen kunnen alle energieën tussen ons menselijk lichaam (DNA), ons Lichtlichaam (ziel) en Gaia (natuur) met elkaar kunnen worden verbonden. Voor velen van ons zijn er momenten geweest op ons bewustwording pad, waarop het Lichtlichaam is binnengekomen en waren we ons bewust van de aanwezigheid ervan.

Er is een verdieping van verbinding en begrip gekomen; door meditatie, trancedans, ceremonie, ritueel of welke oefening dan ook, die ons hiertoe heeft geleid. Deze momenten kunnen seconden, minuten of uren duren, maar ze zijn vluchtig en het Lichtlichaam kan niet worden verankerd. Het verbreekt dus opnieuw de verbinding en brengt ons weer in het gevoel van afgescheidenheid. Het is de diepste wens van de ziel om deze verbinding op elk moment te behouden.

Het belang van de verbinding tussen de Interdimensionale Draken, de Intergalactische Draken en de Elementalen van het Aardse vlak wordt duidelijk, wanneer we het niveau bereiken op onze reis waar we ons bewust worden van het Lichtlichaam en klaar zijn om het volledig te verankeren in de fysieke dimensies van de Aarde.

We werken al enige tijd onbewust met de interdimensionale energieën van goud, zilver en koper. Voor degenen die auravelden kunnen zien, is de aanwezigheid van deze kleuren en nieuwe patronen die door de aura lopen bij sommige individuen al enkele jaren zichtbaar.

Heel vaak begint het met een van de metaalkleuren die door het veld lopen, of eerst door de helft van het veld (de mannelijke of vrouwelijke kant) en in de aura zie je dan dat dit metalen veld in tegengestelde richting draait van de meeste andere kleuren of patronen in het lichaam.

Kort daarna kun je merken dat twee van de interdimensionale energieën samenwerken in het lichaam. Dit zijn meestal het goud en zilver. De ene vult de ene helft van het auraveld, de andere de andere helft. In het auraveld ziet de persoon er in het begin bijna volledig bilateraal uit in goud en zilver, waarbij de twee helften in tegengestelde richting naar elkaar toe draaien.

De zijkanten kunnen verschuiven en zijn bijvoorbeeld goud aan de rechterkant, zilver aan de linkerkant en uren of dagen later is het andersom. Deze energieën zullen aan- en afwezig zijn, totdat de persoon klaar is om de verschillende niveaus van activering te ontvangen. Als we afdalen in bewustzijn of paraatheid, of gewoon opnieuw moeten kalibreren naar de nieuwe niveaus, zullen ze zich terugtrekken om ons 'tijd' te geven om te rusten en ons voor te bereiden op het volgende werkniveau.

Door bewust met deze energieën te gaan werken, versnellen we het proces, dat in de meeste gevallen voor velen reeds onbewust is begonnen op hun reis van ontwaken. Het is belangrijk om hiermee samen te werken, zodat het volledige voordeel kan worden verkregen uit de energieën die elk van de draken brengt en in jou kan activeren.

Naarmate meer en meer individuen op aarde deze capaciteit bereiken, wordt het in zekere zin gemakkelijker voor degenen die volgen. Met elke stap die we op de ladder van onze individuele reis nemen, trekken we het hele trillingsniveau een trede hoger, wat iedereen ten goede komt. In zekere zin wordt dit dan onderdeel van onze dienstbaarheid. Het innerlijke oog richt zich niet langer alleen op wat het kleine zelf nodig heeft, maar richt zich naar buiten om de gemeenschap en het geheel te dienen.

PADEN IN HET LICHAAM

Er is in de loop van de tijd veel geschreven over de energielijnen of leylijnen van de aarde. Dit zijn de oude paden, waarvan oude heilige culturen - die nauw met de natuur samenwerkten - zich zeer bewust waren. Net als de aangeboren trekpaden die de vogels naar hun thuisland volgen en de walvissen over de hele wereld leiden, leiden deze energielijnen ons naar gebieden van kracht en herinnering, naar gebieden die een diepe verbinding met Gaia hebben. En vanuit Gaia naar gebieden van kracht die in verbinding staan met zonne-leylijnen. Deze dienen vervolgens om ons opnieuw te verbinden met de sterren, om informatie door te krijgen voor onze eigen evolutie.

Veel van deze lijnen zijn ons bekend door het opduiken van oude heidense rituelen en het blootleggen van steencirkels of -structuren in een groot deel van Noord-Europa samen met onderzoek en beschrijvingen door velen die ons hebben geholpen bij het begrijpen ervan. Bijna iedereen die zich naar zulke plaatsen begeeft, kan zich verbinden met en gewaar zijn van de energie die door deze plaatsen stroomt; alsof je je vinger op een ader of slagader legt en zo de hartslag van de planeet kunt voelen.

Net als het menselijk lichaam, met zijn complexiteit van verweven aderen en slagaders die zuurstof, levensonderhoud en levenskracht naar elke cel brengen, heeft de planeet haar eigen labyrint van energiepaden. Deze paden binnen Gaia werken hetzelfde als onze aderen en slagaders. Ze hebben het vermogen om nieuwe, hoger vibrerende energieën binnen te brengen en oudere, dichtere energieën af te voeren die het 'lichaam' niet langer dienen.

Sommige van deze paden zijn drakenenergieën van Gaia en vele zijn honderden, sommige zelfs duizenden jaren inactief geweest. In de afgelopen decennia zijn veel mensen geroepen om deze paden te volgen en op specifieke gebieden te werken om deze levende energieën, die Gaia en onszelf ondersteunen, te wekken en te activeren. Dit is allemaal het voorbereidende werk geweest voor Gaia's volledige ontwaking en verankering van haar Lichtlichaam en het is een goddelijk gegeven dat zo velen hebben deelgenomen aan deze ontwaking, hun interne oproep hebben gevoeld om hun hart te volgen en dit werk te voltooien.

Net als bij ons allemaal, moet Gaia's energie circuit volledig worden geactiveerd, met als hoogtepunt een lemniscaat (oneindige lus) die het hart en de baarmoeder verbindt. Deze lemniscaat loopt rond de eierstokken en is de daadwerkelijke activering van de baarmoeder en haar spiralen en het ontwaken van haar Baarmoeder Draak. Gaia's proces lijkt de spiegelreflectie van het onze te zijn en werkt in de omgekeerde volgorde van die wij dienen te volgen. Als eerste worden haar externe paden geactiveerd en de voltooiing ervan is in de baarmoeder, terwijl de activatie bij ons van binnenuit begint.

Net als Gaia, hebben we paden in ons lichaam die de drakenenergieën volgen. Veel technieken hebben ons in de afgelopen decennia geholpen met het vrijmaken van deze paden: ademhalingstechnieken, mantra's, regressies naar vorige levens en genezing door geluid of energie van specifieke dichtheden of blokkades in het lichaam. Deze technieken en vele andere hebben ons geholpen onze eigen circuits op te ruimen en uit te lijnen, zodat deze nu volledig kunnen worden geactiveerd.

De Baarmoeder/Hara Draak en de kristallijne paden ervan in ons menselijke lichaam moeten eerst worden geactiveerd, voordat we onze verbinding met Gaia en haar kristallijne kern kunnen herstellen. Dit is onze eigen kristallijne kern en deze kern vormt de poort, waardoor de rest van de energieën kan doorkomen, wanneer we onze baarmoeder verbinden met de baarmoeder van Gaia en haar kristallijne kern.

Zodra de kristallijne verbinding met de baarmoeder is hersteld, kunnen we van buiten naar binnen werken. Te beginnen met de Elementalen om zo alle circuits en cellen van de primaire fysieke lagen te openen, zodat het fysieke lichaam is voorbereid op het proces. Werken met deze draken opent opnieuw de paden in het fysieke lichaam via de romp (aarde), de wervelkolom (lucht), de buik (vuur) en het hart (water). Elk van deze paden heeft behoefte aan het opruimen van vastzittend puin, pijn, oude verwondingen enzovoort, zij kunnen niet met ons mee naar de hogere vibratieniveaus.

Wanneer deze paden zijn geopend, zijn we klaar voor het volgende niveau en kunnen we werken met de Zwarte, Witte en Kristallijne draken en Metatron, die nauw verbonden is met de Kristallijne Draak; hij is, in eenvoudige bewoordingen, de bewaker van heilige geometrie en van de DNA-structuur. Van hieruit kan volledige verbinding en activering plaatsvinden in het fysieke lichaam. Deze draken openen de hogere paden die verbonden zijn met onze volledige DNA-structuur in de wervelkolom en zij verbinden de etherische DNA-strengen opnieuw met de fysieke DNA-strengen en verbinden ons Lichtlichaam volledig en weer opnieuw met het fysieke gebied.

Omdat dit werk ons meeneemt naar de diepste lagen van verdichting waar de draken zich in de kern van de planeet bevinden, creëert dit de energetische stroom waar de Maya's en enkele andere oude beschavingen zich zo van bewust waren in de reis van de terugkeer van een ziel naar de Bron. Ze daalden eerst af in de diepte om daar de poort naar de Melkweg te vinden, waardoor zielen vervolgens 'opwaarts' reisden en terugkeerden langs het pad dat ze oorspronkelijk hadden gevolgd om op aarde te komen.

Dit is het pad dat we allemaal hebben afgelegd om op het huidige dimensionale gebied te komen en is dus hetzelfde pad dat ons Lichtlichaam zal moeten volgen om ons opnieuw te verbinden in het fysieke rijk. De draken zijn de bewaarders geweest van deze geheime kennis en hebben op deze manier de sleutel tot onze ascensie.

Deze activering is een van de meest bedreigende en ook uitdagende aspecten van onze evolutie als mens. Er is veel angst en weerstand opgebouwd rond draken- of reptielachtige energieën, omdat hun mysteries zo lang verborgen zijn gebleven.

> JE ZULT NIET LANGER ZIJN WIE JE DENKT DAT JE BENT, MAAR JE ZULT ZIJN WIE JE ECHT BENT

Wat nog belangrijker is, is dat we ons ongemakkelijk voelen bij het verlies van controle, om de mind los te laten en zo in de pure stroom van het leven te zijn - dat maakt het zo eng.

Wanneer je draak is geactiveerd en je Lichtlichaam volledig is geaard, ga je naar echte co-creatie. En tegelijk laat je de teugels van controle vieren, die de stroom van het leven beperken. Het is nodig dat je de leiding van je meest ware aard volgt en de aanwijzingen die ze je geeft vertrouwt. Je zult niet langer zijn wie je denkt dat je bent, maar je zult zijn wie je ECHT bent. Dat is waarachtig en krachtig!

BAARMOEDER/HARA DRAKEN

Ieder van ons heeft een Baarmoeder Draak. De meesten liggen nog opgerold in slaap aan de voet van de baarmoeder, in afwachting van hun oproep tot ontwaken. Bij vrouwen bevindt zich dit in de werkelijke baarmoederruimte en bij mannen in dezelfde 'ruimte', bekend als de hara. Deze Draak lijkt bijna infantiel en klein en heeft toch de immense scheppingskracht die wij bezitten en die toeneemt met elke activering van de baarmoeder, die ons naar onze ware autoriteit leidt en in onze positie brengt als mede-scheppers met het goddelijke.

Deze Draak is het nauwst verbonden met de oerkracht van de natuur, creatiekracht en seksualiteit: de godin Ishtar. Ishtar... het goddelijke vrouwelijke, de personificatie van de planeet Venus en alles wat het vertegenwoordigt. Ze is de godin en beschermer van vruchtbaarheid en seksuele liefde in al haar tederheid en kracht - zij is de ware weergave van een wezen dat gegrond is in de rol van mede-schepper. Haar geactiveerde kracht, verweven met de drakenenergie in de baarmoeder, is onze verbinding met Gaia - van baarmoeder tot baarmoeder. Een gouden draad, als een navelstreng, verbindt Gaia's kristallijne kern met die van ons.

Deze Baarmoeder Draak is ook diep verbonden met de Kristallijne Draak en dus met Metatron. Een aartsengel met vele titels en verantwoordelijkheden, zoals de letterlijke vertaling van zijn naam (Beyond Matrix) voorbij de matrix van het eindige - Metatron omvat alle dingen buiten deze matrix en draagt toch de verantwoordelijkheid als de bewaarder of bewaker van deze scheppingswereld. Zijn lichtpatroon vertaalt zich in dit rijk in alle heilige geometrie waarmee we bekend zijn en in de meer geavanceerde geometrieën waarmee we nog niet bekend zijn.

Binnen deze lichtcodering bevinden zich de geheimen van onze DNA-structuur, de geheimen van alle dingen buiten het materiële rijk en de patronen die we nodig hebben om ons de lichtpatronen buiten de derde dimensie te her-inneren of om ze opnieuw te integreren. Metatron biedt ons een kijkglas aan, als een kristallijne reflectie, om overal doorheen te kijken. Het lijkt voor de hand liggend dat de

Indigo- en Kristalkinderen, die deze patronen al in zich hebben, ook onder zijn toezicht zouden staan.

Metatron staat ook bekend als de dienaar of het lichaam van de Shekinah - de vrouwelijke aanwezigheid van God op de planeet - en helpt je bij het toe-eigenen van je eigen kracht. Dit lijkt een reflectie of goddelijke balans van de aspecten van Ishtar in de baarmoeder te zijn en vormt een perfecte verweving van deze twee.

Net als de kristallijne kern van de planeet, dragen wij een stuk van de Kristallijne Draak in ieder van ons, het ziet eruit als een kristallen bol die de slapende Baarmoeder Draak omhult. Het is de Kristal Draak die alle drakenenergieën in dit universum heeft gecreëerd en door wie alle leylijnen, codes en transmissies passeren om ons te bereiken. Omdat de Kristal Draak direct verbonden is met Metatron, is dit ook direct gerelateerd aan onze DNA-structuur en op die manier vormt het een onderdeel van de herverbinding en activering van de volledige 12-144 DNA-strengen die we in ons dragen. Via deze verbinding zullen, naarmate we evolueren, nieuwe coderingen naar onze Lichtlichamen worden verzonden.

De interne paden voor drakenenergie in het lichaam, die afkomstig zijn uit de baarmoederruimte, worden in verbinding met de Kristallijne Draak geactiveerd en geopend. Dit is niet hetzelfde als het oproepen van de volledige kracht van de Kristal Draak, zoals later in dit boek wordt besproken. Dit is vooral het aspect dat de energiebanen in het lichaam creëert en vrijmaakt, komend vanuit de baarmoeder, zodat de volledige activering van de Baarmoeder/Hara Draak kan plaatsvinden.

Voor sommige individuen, vooral degenen die DragonHeart- of DragonKeeper-aspecten belichamen, kan het ontwaken van het kristallijne aspect in de baarmoeder bijna spontaan gebeuren. De DragonHearts en DragonKeepers zijn de fysieke belichaming van de draken op de planeet. Ze hebben een menselijke vorm aangenomen en dragen de afstamming van de draken in zich. Ze hebben een natuurlijke affiniteit met of kennis van draken of zijn zich, wanneer deze informatie opduikt, er scherp van bewust dat het op een of andere manier rechtstreeks op hen betrekking heeft, zelfs als hun bewuste geest het nog niet begrijpt.

De drakenenergieën stromen al op natuurlijke wijze door hun paden - hoewel niet op volle kracht - en beginnen zelf al te ontwaken in plaats van af te wachten om gewekt te worden. Hier is de drakenadem aan het werk die van binnen naar buiten gaat en een snelle ontwaking van de Baarmoeder Draak mogelijk maakt, zodra het individu er klaar voor is.

Voor de meeste mensen is het proces echter niet spontaan en vereist het gerichte intentie. Ofwel dient het eerst te worden geactiveerd. Tibetaans pulseren is een van de meest directe en doelmatige methoden om de obstakels voor het kristallijne aspect weg te nemen. Ze kunnen ook worden geactiveerd door samen te werken met de energieën van de Kristal en Vuur Draken (dat wordt beschreven in Werken met meerdere draken tegelijk), door een combinatie van het drakenwerk met het pulseren, of direct werken met Metatron via een facilitator. Het combineren van het draken-ademwerk met pulseren zou bijvoorbeeld kunnen worden gedaan door de pulserende oefening uit te voeren met de Kristal of Vuur Draak-mantra op de achtergrond. Omdat dit zo'n krachtig element aan het pulseren toevoegt, is het het beste om het pulseren eerst meerdere keren zonder deze mantra te doen.

De Baarmoeder Draak in de kristallen bol kan echter pas worden gewekt na een reeks baarmoeder-activaties. Deze activeringen creëren een energetisch veld dat sterk genoeg is en een bewuste aanwezigheid in de baarmoederruimte, zodat het ontwaken mogelijk wordt. Pulserende oefeningen, tantra, herstellen van het baarmoedercircuit dat het hart, de baarmoederruimte en de eierstokken verbindt, baarmoeder mandala-oefeningen en het ophalen van de naam van de baarmoeder zijn enkele van de oefeningen om dit te vergemakkelijken. Zodra dit activeringsniveau binnen de baarmoeder is bereikt, kan jij of een facilitator je Baarmoeder Draak wakker zingen. Het zingen van dit individuele heilige lied, dat verbinding maakt met de ziel van de baarmoeder, is de enige manier om deze draken wakker te maken.

Zodra de Baarmoeder Draak is gewekt en dat prachtige oogje opengaat en naar buiten kijkt, wordt het belangrijk om de kristallijne afgifte in het lichaam te bevorderen. Als dit allemaal is voltooid, dan ben je, zodra je ook het werk met de Elementale Draken hebt voltooid, klaar om aan het werk te gaan met de Intergalactische Draken om de volledige opening van de Kristal Draak in je te realiseren.

ISHTAR EN DE BAARMOEDER DRAAK: BEGRIJPEN WELKE KRACHT ZIJ DRAGEN

De godin Ishtar bewaart de diepste verbinding met het ware ontwaken en de kracht van de Baarmoeder Draak voor ons. Zoals gezegd, is zij de belichaming van het goddelijke vrouwelijke; de personificatie van de rauwe, wilde, natuurlijke creatieve stroom gebalanceerd in tederheid en kracht. Tijdens een krachtige meditatie heb ik haar rol ervaren en begrepen:

"Ishtar stond voor me en nodigde me uit in haar baarmoeder... ze opende haar kleed en trok me naar binnen... in de duisternis fuseerde ik met haar kracht. Ik voelde haar spiralen om me heen bewegen en ik keek naar beneden en vond in mijn handen een kristallen bol - deze is verbonden met de basis van haar baarmoeder - en terwijl ik erin tuurde, opende zich een oog; het oog van de groene draak. Zij is verbonden met de groene Aarde Draak; zoals Kwan Yin met de gele Lucht Draak verbonden is; Isis met de rode Vuur Draak en Lady Nada met de blauwe Water Draak. De kristallen bol is een stuk van de Kristallijne Draak - deze ligt aan de basis van je baarmoeder en heeft toegang tot alle draken omdat ze allemaal belichaamd zijn door en verbonden zijn met het kristallijne.

Daarom, wanneer de draak voor het eerst wordt gezien, lijkt deze in de baarmoeder zwart/ groen - de kleuren zijn allemaal gemengd, maar het is tegelijk zo dat de ware kracht van de baarmoeder in het samengaan van zwart en groen ligt - het groen verbindt ons ten diepste met Gaia, de Aardemoeder en de Aarde Draak en het zwart met Ishtar - de creatieve kracht van de Leegte."

Deze drakenenergie toelaten- de oerkracht, de slangenkracht, de rauwe levenskracht, het irrationele onbekende, de chaos die zo lang is belasterd en ontkend- is de sleutel tot het aarden en het volledig openen van de baarmoeder. Op een andere manier kan dit niet.

Deze oer chaos-energie, de rauwe ongetemde vrouwelijke kracht, wild en vrij, resonerend met de aarde en actief - belichaamd door Ishtar - grondt het licht in ons lichaam en in de aarde.

De baarmoeder is de bron van alle creatieve kracht. Wanneer we er volledig mee verbonden zijn en haar kracht volledig geactiveerd wordt, zodat alle vijf de baarmoederspiralen draaien, bevinden we ons in een continu proces van geboorte en schepping; van manifestatie in het fysieke vanuit de scheppende Leegte. We leven volledig in het moment, verbonden met Alles Dat Is en dit is de meest nabije staat die we kunnen bereiken om ons ware potentieel en de oneindige mogelijkheden die het bevat, volledig te belichamen; wij en de Baarmoeder Draak - de oorspronkelijke scheppingskracht - zijn één.

De zwarte ruimte wordt niet geassocieerd met de Zwarte Draak, maar met de Void, de leegte waaruit alle materie kan ontstaan. Deze ruimte ligt diep in de baarmoeder en is eigenlijk verbonden met de Aarde Draak. Het vraagt grote toewijding om de diepste niveaus van werk met de draken te bereiken en het Oog van de Aarde Draak te mogen betreden, om dit ware niveau van creatieve kracht te bereiken, met Ishtar naast ons en met alle vijf de draaiende baarmoederspiralen. Dit is het grootste geschenk van herinnering dat de Aarde Draak ons brengt. Hij/Zij heeft deze magie eeuwenlang voor ons bewaard, wachtend totdat wij klaar zijn om het te ontvangen.

DRAGONKEEPERS EN DRAGONHEARTS

De DragonHearts en de DragonKeepers zijn de fysieke belichaming van de draken op de planeet. Ze hebben een menselijke vorm aangenomen, maar dragen de afstamming van de draken in zich, binnen hun DNA-codering. Op een bepaalde manier dragen we allemaal drakenenergie, aangezien elke mens een draak heeft in de baarmoeder/hara-ruimte. Sommigen lijken echter een nog diepere connectie of rol te hebben in verband met de drakenenergieën. Dit ontwaakt nu bij velen als een meer concreet weten in plaats van de historische fascinatie voor, of interesse in drakenkunst en overlevering die ze mogelijk hebben ervaren.

Deze individuen dragen de energetische aanwezigheid van een

echte draak in zich, die tot zeer recent in hun ruggengraat of in hun hart heeft geslapen. Degenen met een draak die in de ruggengraat slaapt, staan bekend als de DragonKeepers. Wanneer hun draak begint te ontwaken, ondergaan ze vaak enkele maanden een of ander onverklaarbaar rug trauma van een bepaald type. Meestal manifesteert dit zich als een vreemde pijn die geen verband houdt met een specifiek fysiek letsel of patroon.

Dit komt door het ontwaken van de draak, door de toenemende niveaus van Licht op de planeet, als ook door het bewustzijnsniveau van de belichaamde. Degenen die voor het pad van bewustzijn kiezen, zijn zich vooral bewust dat er iets onverklaarbaars in wording is. Terwijl de draak ontwaakt, strekt hij langzaam zijn slaperige ledematen uit en aangezien dit gebeurt in het etherische of energielichaam, komt een voet of vleugel (of andere extremiteit) soms vast te zitten in het fysieke lichaam van de mens en dit manifesteert zich in fysiek ongemak of scherpe pijn aan de rugzijde. Meestal is dit midden op de bovenrug (schouderbladgebied) wanneer de vleugels vastzitten, of in de onderrug wanneer een voet vastzit. Het hoofd lijkt zich op natuurlijke wijze en zonder problemen op te richten vanuit de ronding van de bovenrug en de nek van de mens.

Deze informatie is de afgelopen twee jaar bekend geworden, toen de drakenenergieën op de planeet toenamen. Veel mensen dragen een draak in de rug. Dit zijn meestal de Elementalen: Aarde, Lucht, Vuur of Water, maar het kunnen alle draken zijn - Goud, Zilver, Koper, Zwart, Wit of Kristallijn. Het kunnen zelfs enkele van de andere draken zijn die in de geschiedenis van de planeet hebben bestaan en deel uitmaken van de oorspronkelijke twaalf. Ze zijn niet specifiek aan het geslacht gebonden: mannen kunnen Keepers zijn voor vrouwelijke draken en vrouwen kunnen Keepers zijn voor mannelijke draken.

Zodra de draak los is, heeft de persoon de neiging om verhoogde niveaus van vooruitgang te ervaren op zijn spirituele reis, zoals dieper en krachtiger seksuele ervaringen, samensmeltingen en gelukzaligheid en een fascinatie voor alle dingen met betrekking tot draken (of ze zich van de verbinding nu bewust zijn geweest of niet), inclusief tatoeages of drakenclan-markeringen uit de oudheid en een nieuw gevoel van vertrouwen of kracht bij het nemen van beslissingen. Deze personen hebben op een gegeven moment ook een bewust besef dat ze zich niet alleen verbonden voelen met deze draak, maar dat ze deze belichaamde draak zelf ZIJN.

Hun energetische tegenhangers zijn degenen die een slapende draak in het hart dragen. Deze staan bekend als de DragonHearts of DragonRiders. Wanneer deze draak ontwaakt, is het eerste beeld er een van een magische opening van het ooglid en wordt er een speelse, ondeugende oogbol onthuld, die nieuwsgierig van links naar rechts kijkt met een soort glimlach in de ogen. Deze draken strekken zich uit en vullen de hartruimte en brengen een zachtheid van zijn met zich mee die de persoon doordringt.

Deze twee - de DragonKeepers en DragonHearts - gaan krachtig samen wanneer ze elkaar ontmoeten. Ze kunnen zich bewust worden van het samensmelten van hun draken, nadat ze eerst individueel met de draken hebben gewerkt. Zoals bij tweelingvlammen kan er zodra ze eenmaal zijn samengevoegd, geen echte scheiding meer zijn, zelfs wanneer ze op aarde fysiek ver van elkaar verwijderd zijn. Het is alsof ze altijd samen zijn geweest en dat is in feite ook zo. In hun hereniging kunnen diepere aspecten van hun individuele dharma en gezamenlijke dharma worden aangeraakt en geopend. Er is een natuurlijk niveau van zuivere ondersteuning en weten wat ze nodig hebben om individueel en gezamenlijk te groeien.

Vrijen met een tegenhanger van een draak brengt spontane tantrische ervaringen naar boven, de baarmoeder/hara-spiralen worden dan spontaan geactiveerd door de kracht van de samenvoeging. Zelfs zonder enige tantrische training stijgen deze energieën op en kunnen ze niet langer worden tegengehouden. Dit zorgt voor een sterke binding en een perfecte omgeving voor de gouden kinderen om door te komen, dit zijn degenen die een contract gesloten hebben om de volgende generatie van volledig verlichte wezens naar het aardse niveau te dragen.

Vrijen neemt dan ook een dimensie aan die wordt gekenmerkt door spontane momenten van wild ronddraaien, alsof de draken en niet de mensen bezig zijn. Er kan een diepe verbinding zijn en beide partners ervaren dit, ongeacht of ze allebei open staan voor het ervaren van dingen buiten het fysieke 3D-rijk.

Dit ongebreidelde, wilde aspect maakt deel uit van het geschenk dat de draken ons brengen - een terugkeer naar de oude manier om op elk moment in verbinding te staan met alle delen van onszelf en het universum. Het is het ware werk van Ishtar en verankert zowel het drakencircuit in het lichaam, wat resulteert in orgastische ervaringen van het hele lichaam, als een volledigere verankering van het Lichtlichaam in het fysieke.

DE KINDEREN EN HET DRAKENLEGER KEREN TERUG

Er is een groep kinderen onder ons die een sleutelrol hebben gespeeld bij het opnieuw tot leven wekken van de drakenenergieën op de planeet. In 2007, bij het schrijven van dit materiaal, zijn de meesten tussen de 6 en 10 jaar oud en zij leven verspreid over de hele wereld. Ze zijn dol op alles wat met draak te maken heeft, de meesten zijn sterk afgestemd op de aanwezigheid van draken, zij kunnen draaktalen spreken en schrijven en houden ervan om ze te tekenen en via hun boeken, films, videogames en interesses zijn ze een belangrijk onderdeel geweest van de herintroductie van de draken in het bewustzijn van de volwassenen in hun leven.

Door met de ouders van verschillende van deze kinderen te praten, die vaak duizenden kilometers bij elkaar vandaan leefden, ontdekte ik duidelijke overeenkomsten in de informatie die hun kinderen met hen deelden over hun eigen draken. Elk kind is heel duidelijk over zijn individuele draak - hoe ze eruitzien, wat ze kunnen doen en zelfs de naam ervan. Omdat de drakenenergieën opnieuw ontwaken en zich uitbreiden op de planeet, zijn deze kinderen veel beter afgestemd op wat ze beschouwen als 'hun' draken en voelen ze hun aanwezigheid tastbaarder. Ook verwijzen ze naar kanalen of paden die zich openen op de planeet, waardoor de draken nu vrij kunnen reizen. Dit, legden ze uit, was de reden dat hun draken nu bijvoorbeeld in hun achtertuin konden zitten, in plaats van alleen maar energetisch aanwezig zijn.

Het meest interessante was echter, dat al deze kinderen een

Leger van Draken noemden dat komt om de aarde te helpen genezen. Dit leger bestaat voornamelijk uit deze ontwaakte en afgestemde kinderen, die tijdens hun levensreis volledig bewust zijn gebleven van wie ze zijn en waarom ze hier zijn. Deze kinderen zijn, doordat ze hun verbinding behouden hebben, nu al in staat om de verankering van het Lichtlichaam in het fysieke lichaam in stand te houden. Hiermee bieden ze de grootste hulp en ondersteuning om de dichtheidslagen die nog steeds binnen deze dimensie worden vastgehouden, te verbreken en te verschuiven, zodat hogere trillingen erin kunnen worden verankerd. Het zijn altijd de kinderen die ons komen onderwijzen en de weg wijzen, wanneer we bereid zijn hen te erkennen.

Ook de volwassen DragonKeepers en DragonHearts (velen van hen zijn ouders van deze kinderen) die de drakenenergieën in zich belichamen, maken deel uit van het leger. Ze hebben, naast het dragen van hun eigen hoge trillingsniveaus, een cruciale rol gespeeld. Zij zijn als ouders bewust genoeg geweest om hun kinderen in staat te stellen verbonden te blijven en niet in de vergeetachtigheid terecht te komen die de meesten van ons hebben ervaren en waar we onszelf weer uit mochten halen. Zij hebben eveneens gereisd door een proces van ontwaken en herinneren en door zo een levend voorbeeld te zijn van hoe je eruit kunt ontwaken, banen zij hiermee de weg voor anderen. De kinderen en volwassen die de drakenenergieën belichamen, creëren samen een magnifieke kracht in de evolutie van de mensheid om de grote verschuiving naar het nieuwe tijdperk teweeg te brengen.

©Jaemin Kim

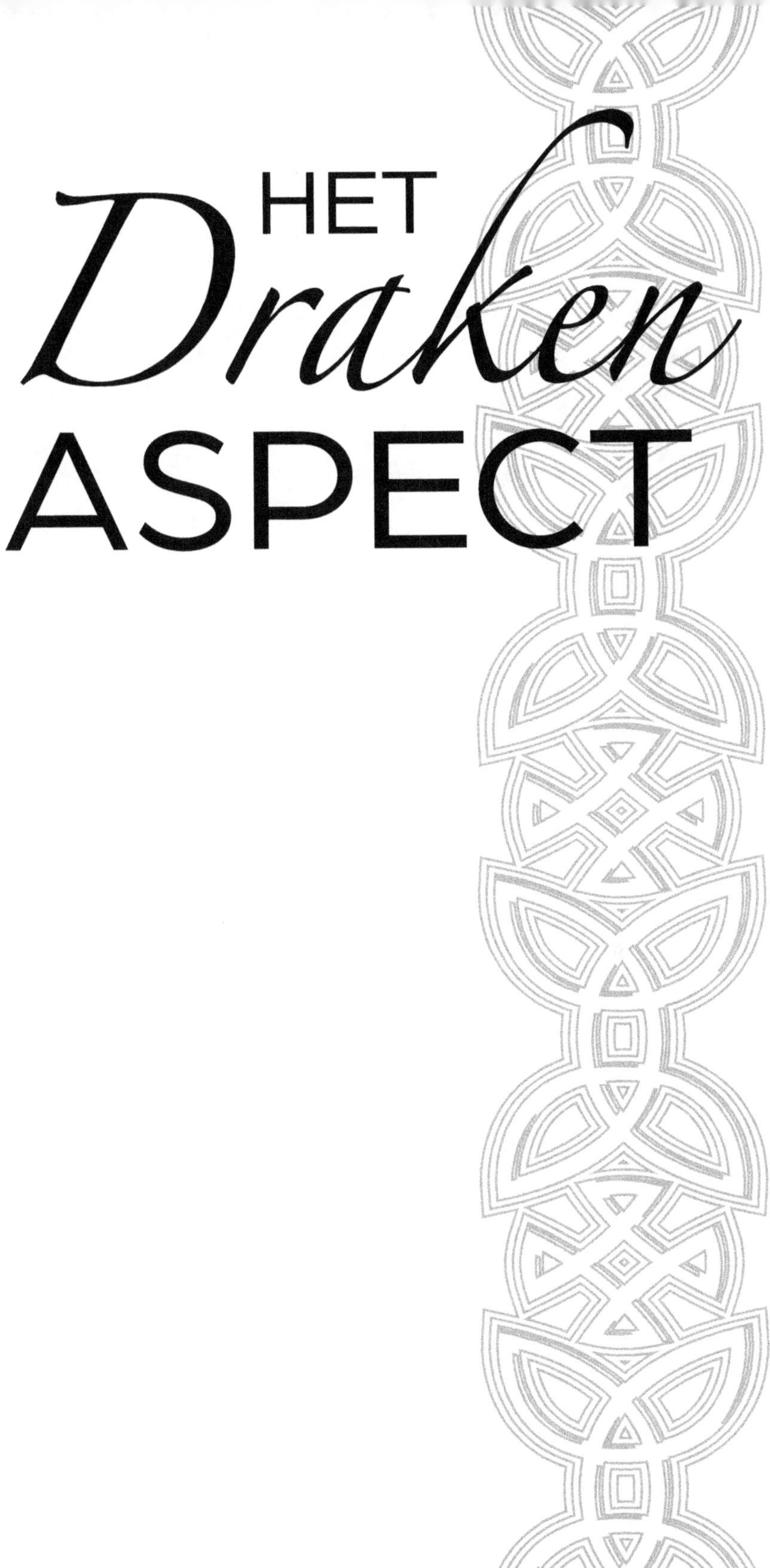

HET Draken ASPECT

Het Drakenaspect

DE GEOMETRIE VAN DE DRAKENENERGIEËN: HOE WIJ DE ENERGIE OP AARDE ONTVANGEN

Via het zonnestelsel van An, de centrale ster in de Gordel van Orion, komen veel energieën van de Grote Centrale Zon naar ons toe. Zo ook de drakenenergieën. Zoals alle energieën, kunnen ze worden vergeleken met, of worden gevisualiseerd als snaren of vibrerende energiesnoeren, die alle delen van de schepping met elkaar verbinden. Voor sommigen is dit gemakkelijker voor te stellen als de geluidsgolven in muziek. Bij hogere trillingsniveaus (of hoge tonen) zijn de golven erg kort en snel, terwijl de tonen van de lagere toonladders langer en langzamer zijn. Dus met elke stap omlaag op de toonladder, wordt de golf langer en langzamer.

Dit geldt ook voor de kosmische energie. Om door de mensheid te worden waargenomen en gebruikt, maken de kosmische energieën die ons komen helpen, inclusief de drakenenergieën, een reeks neerwaartse stappen, voordat ze het fysieke aardse niveau bereiken. Uiteindelijk bereiken ze de laagste dichtheid van chaos verbonden met Tiamat, de moeder van vorm. Ze komen bij ons binnen op het hoogste niveau waarop we ze kunnen ontvangen. De terugkeer naar hogere trillingsniveaus (onze evolutie) vereist op zijn beurt het vrijgeven of ontbinden van de laagste chaotische niveaus, om zo steeds een stap naar een hogere trilling te kunnen maken.

De drakenenergieën die via An naar ons toekomen, worden eerst op het hoogste niveau getrianguleerd met de interdimensionale koperen, zilveren en gouden draken, die respectievelijk geassocieerd zijn met de 3 sterren in Orion's Gordel, El (Alnitak), An (Alnilam) en Ra (Mintaka). Het volgende niveau circuleert binnen een driehoek van de Intergalactische Lichtdraken, gecreëerd tussen de Aartsengelen Metatron (verbonden met de Kristallijne Draak), Michael (verbonden met de Zwarte Draak) en Melchizedek (verbonden met de Witte Draak).

Dit resulteert in een zes puntige Davidster-configuratie en die zendt de energie uit naar de vier Elementale Draken van het Aardse: Vuur, Lucht, Aarde en Water. Met deze draken kunnen de meeste mensen zich sterk verbinden op persoonlijk vlak en ieder van ons heeft wel een specifieke voorkeur voor een van deze vier in het bijzonder, ook al kunnen alle energieën door de mens worden benaderd en gebruikt, zodra er bewustzijn op is.

Wanneer wij als mensen ons als een groep verenigen met het geluid, het licht en de kracht van de liefde van elk van de Elementale Draken en deze als één dragen in een dans van intentie, dan kunnen we bij de driehoek van drakenenergieën komen die ons vasthoudt in de dichtheid van de 3e dimensie en dan kunnen wij deze vrij laten komen en op laten lossen. Deze driehoek bestaat uit de chaotische draken die van oudsher bekend zijn, in Tibet en Sumeria en uit de moeder van vorm, Tiamat. Tiamat wikkelt zich om de kern van de planeet en verbergt de baarmoeder, het centrum van de schepping van Gaia

Door haar opnieuw met de kracht van liefde te laten versmelten, kan een nieuw niveau van schepping op de planeet beginnen. Wanneer de baarmoeder van Gaia niet langer 'verborgen' is, kan haar Baarmoeder Draak worden gewekt en kunnen haar baarmoederspiralen worden geactiveerd, waardoor haar goddelijke, vrouwelijke lichaam kan terugkeren.

Bij het werken met de drakenenergieën is het belangrijk om te beginnen op het niveau van de Elementalen, die de langste en langzaamste golfvormen van energie belichamen en die zich hebben verlaagd naar frequenties waarmee we kunnen werken. De Elementale Draken hebben de basis gelegd van onze reis om bewust opnieuw verbinding te maken met onze Lichtlichamen. Het werk van deze grote wezens opent oude paden in ons. Deze paden vormen de plaatsen in ons fysieke lichaam die, wanneer ze geschoond zijn, onze verbindingspunten vormen met het Lichtlichaam.

Als je eenmaal het werk met de Elementale Draken hebt voltooid, is het volgende niveau om met de Zwarte en Witte draken te werken en uiteindelijk met de Kristal Draak. Op deze manier voltooi je de driehoek. Met deze voltooiing ben je klaar voor de volgende stap in vibratie/trilling. Binnen deze driehoek zal de eerste ervaring mogelijk zijn om daadwerkelijk op een tastbare manier verbinding te maken met het Lichtlichaam.

Zodra deze oude verbindingspunten hersteld zijn, zal het werken met de Goud, Zilver en Koper Interdimensionale Draken, in nog hogere frequenties, steeds diepere niveaus van verankering van het lichtlichaam mogelijk maken, waardoor we te allen tijde de verbinding in het fysieke vlak kunnen behouden en geleidelijk onze trillingsniveaus kunnen verhogen om toegang te krijgen tot hogere octaven of dimensies en tot de draken en wezens die daarmee verbonden zijn. De volgorde waarin je met de draken werkt, kan dus belangrijk zijn.

Eenmaal verbonden, hebben we eveneens toegang tot veel meer informatie en communicatie buiten het fysieke vlak en kunnen we goddelijke mede-scheppers worden. Op dit punt kan diep werk worden gedaan binnen het Oog van de Draak, het hoogste werkniveau dat kan worden gedaan met de Draken. Met het binnengaan van het Oog van de Draak, worden onze krachten van manifestatie en co-creatie op een zeer reële manier naar het bewuste niveau getild. Elk van de Elementale Draken is hier toegankelijk voor ons. Ze nodigen ons uit in het Oog van de Draak om een geschenk te brengen waarmee we op een krachtige, bewuste manier kunnen manifesteren en creëren.

Wees er niet bang voor; eer het als het teken dat je bereid bent met hen samen te werken.

DE GEOMETRIE VAN DE DRAKENENERGIEËN

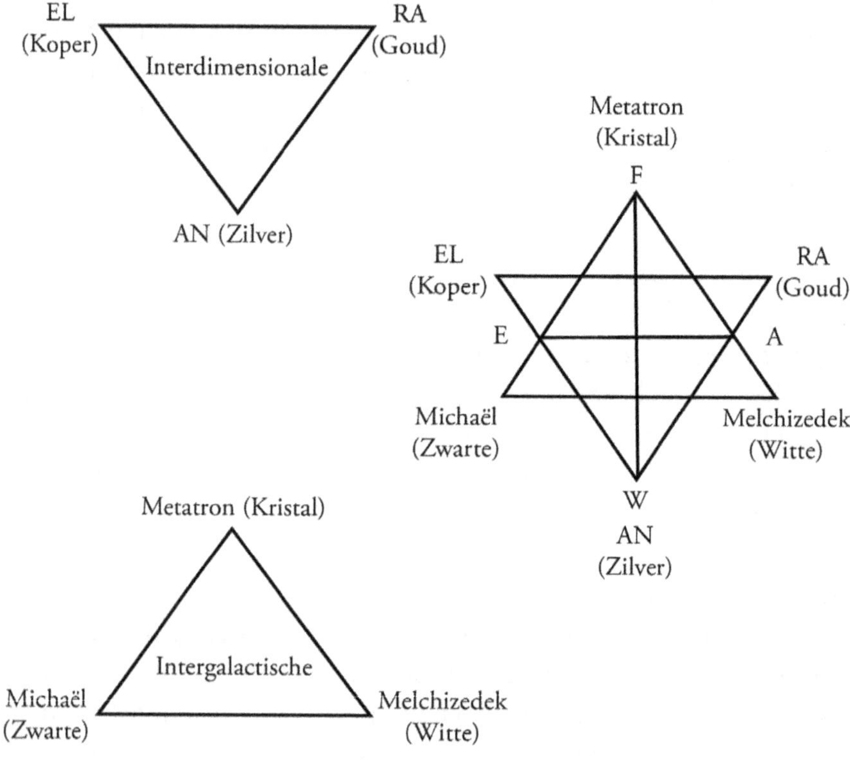

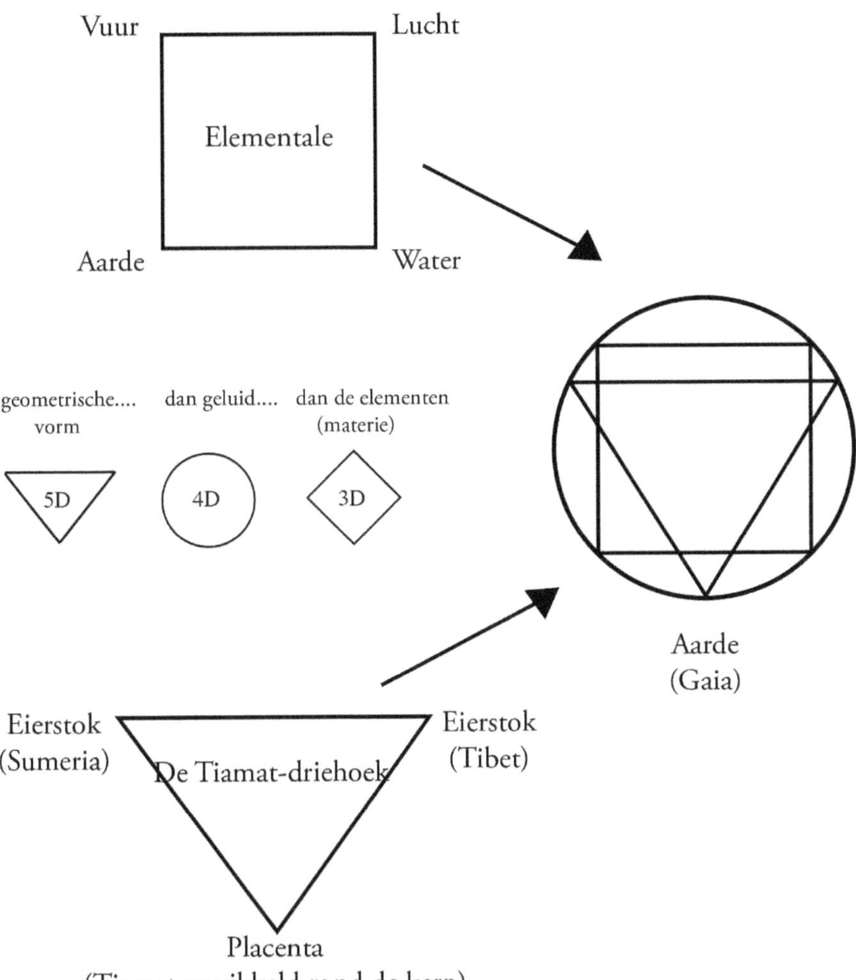

Vuur
Lucht
Elementale
Aarde
Water
geometrische.... vorm
dan geluid....
dan de elementen (materie)
5D
4D
3D
Aarde (Gaia)
Eierstok (Sumeria)
Eierstok (Tibet)
De Tiamat-driehoek
Placenta
(Tiamat gewikkeld rond de kern)

De Draken van MU

De oude Draken van Mu maakten deel uit van de eerste schepping van de planeet Aarde. Een planeet wordt geboren en gevormd door opeenvolgende lagen van schepping; het gebeurt al miljarden jaren en volgens de wetenschappelijke benadering volgt dit de wetten van de evolutie. Cycli van beschavingen zijn gecreëerd en ook weer vernietigd, omdat zij niet in staat waren om de benodigde bewustzijnsniveaus vanuit het hart te bereiken, wat cruciaal is in de reis om de verankering van Gaia's Lichtlichaam mogelijk te maken. Grote, hoogontwikkelde beschavingen zijn op deze manier gekomen en weer verdwenen, omdat ze een of andere kleine sleutel misten om de hele planeet terug naar het licht te brengen.

Bij de geboorte van de planeet werd de universele geometrie van 12 rond 1, die aan het begin van elke vorm staat, gecreëerd via de Kristalkern en zo vormden zich de 12 Draken van Mu - deze houden de fysieke vorm voor de aarde vast. Deze draken belichaamden hoog bewuste wezens, die bij deze co-creatie betrokken waren. Eerst manifesteerden zich twee paren mannelijke en vrouwelijke Zwarte en Witte Draken in een heilige driehoek, samen met de Kristal Draak. Dit breidde zich vervolgens uit tot twaalf, met de toevoeging van de vier paren mannelijke en vrouwelijke Elementale Draken.

Voor ze in de vorm kwamen, waren de Draken van Mu met elkaar overeengekomen om de Bewakers van de Aarde te zijn, samen met Tiamat, de moeder van vorm. Eerst zou de aarde gemanifesteerd moeten worden in de fysieke rijken van de dichte 3e dimensie en dan zou haar bewustzijn, dat bekend zou worden als Gaia, opgeroepen kunnen worden.

Tiamat zou haar baren en dan haar Bewaker worden. Ze was en is de heilige placenta van Gaia's geboorte, de moeder en de baarmoederbekleding. Sinds biljoenen jaren houdt ze een bewust geboorteproces gaande en behoudt ze Gaia's verbinding met haar navelstreng van Licht/Kristal. Zo zal, zodra de verbinding is opgeheven, het geboorteproces van Gaia voltooid zijn. Zoals elk kind dat zo'n bewust geboorteproces mag ondergaan, zal ze haar verbinding met Alles Dat Is, volledig herinneren en beheersen.

Deze twaalf wezens, die de Draken van Mu zouden worden, stemden ermee in om de eerste laag rond de kern van Gaia gedurende miljarden jaren op zijn plaats te houden, totdat de beschavingen van de planeet (de mensheid) klaar zouden zijn om Gaia zelf te helpen haar Lichtlichaam te verankeren. Deze Raad van Twaalf was er heel duidelijk over, dat ze pas zouden bijeenkomen als de tijd echt rijp was.

Ze zouden helpen beschavingen te vernietigen en te ontbinden als de dingen op de verkeerde manier evolueerden. Veel van de rampzalige verschijnselen op aarde, die hele beschavingen omver hebben geworpen, zoals die in Lemurië of Atlantis, zijn veroorzaakt door de bevende bewegingen van deze twaalf reuzen. Ze bevinden zich in de tektonische platen van de aardkorst, met hun stekels en/of staarten in de meeste gevallen liggend langs de grenszones tussen deze platen.[1]

Deze platen, die gedurende eonen tegen elkaar aan duwden of van elkaar wegtrokken, creëerden de bergen en diepe oceaanspleten

---

1   De National Geographic Society Physical Map of the World uit 1994 is de beste kaart om dit fenomeen te bekijken, omdat het zowel de bergachtige bergkamformaties boven en onder zeeniveau, als de lay-out van de tektonische platen beschrijft.

die nog steeds deel uitmaken van onze wereldwijde geografie. De meeste verschuivingen waren een natuurlijke geleidelijke evolutie, die eonen duurden, waarbij elke lichte beweging werd gevoeld als een aardbeving of trilling op het land, of golven creëerden van de oceaanbodem die soms uitgroeiden tot tsunami's of vloedgolven. Andere bewegingen zijn geïnitieerd geweest door de draken en zijn veel vernietigender geweest.

In de laatste raad die werd gehouden voor de vorming, werd de Vrouwelijke Water Draak door de Raad gekozen om verantwoordelijk te zijn voor de incarnatie in menselijke vorm. En niet alleen zou zij de informatie van de draken weer naar voren brengen, maar ook om de Raad weer bijeen te brengen. Dit betekende dat naarmate het einde van een tijdperk was bereikt, zij in menselijke vorm geïncarneerd moest zijn, om de Raad - indien nodig - bijeen te roepen op basis van de vooruitgang van de mensheid. Als de mensheid er klaar voor was, zou ze de Raad opnieuw bijeenroepen.

Deze oproep zou als een echo door de kern van de aarde klinken, zodat alle draken het zouden voelen. Op voorhand zou zij weten dat het tijd was, door een teken dat er een bepaald niveau van licht en toewijding was bereikt in het massabewustzijn van de mensheid en dat alles moeiteloos op één lijn zou komen om haar op het juiste moment, op de juiste plek te zetten om de code te verzenden.

De Raad is nu voor het eerst in miljarden jaren opnieuw bijeengekomen. Nog steeds was het nodig dat er een unaniem besluit zou worden genomen aangaande het naar voren brengen van de oude informatie en om te bepalen in hoeverre de mensheid enige 'hulp' of 'opschudding' nodig heeft om werkelijk en volledig te herenigen. Dit akkoord werd bereikt tijdens de conferentie van de Raad in september 2007: de mensheid had op dat moment inderdaad de verwachte niveaus van Licht overtroffen en er zou heel weinig fysieke opschudding nodig zijn om vooruitgang te boeken.

Veel mensen die diep verbonden zijn met deze lijnen, voelen de bezieling van iets ouds en dieps in zich, dat mogelijk niet te verklaren is. Andere mensen zijn geïncarneerde aspecten van de drakenlijnen zelf en beginnen een aantrekkingskracht naar deze wezens te voelen, niet wetend waarom deze nieuwe fascinatie opkomt, maar ze voelen haar kracht. Het meeste hiervan wordt veroorzaakt door de Drakenkinderen en de spelletjes en fascinaties die ze inbrengen in de huishoudens van hun ouders die hoogstwaarschijnlijk vanuit de drakenlijn komen.

Sommigen ervaren verbindingen met de vele honderden soorten draken die zijn geboren sinds de schepping van de Draken van Mu. Dit zijn er velen geweest en het zijn allemaal afstammelingen. Van de kleine salamanders en de grote Komodo-draken, tot de draken die eeuwenlang over de planeet zwierven voordat ze werden opgejaagd en gedood in angst. Ze werden zo verkeerd begrepen dat ze gaande-weg in de nevels verdwenen, als ze al niet werden gedood. Je kunt je ook verbonden voelen met een draak die niet in deze tekst wordt genoemd - roze draken, regenboogdraken, zwart en goud gemengde draken, paarse draken, turquoise draken... je kunt ook draken van wereldniveau ervaren, die bewakers zijn van specifieke regio's en die nu ontwaken. Ze stammen allemaal af van de oorspronkelijke twaalf, die we nodig hebben om het werk te kunnen doen. De middelen die je kunt gebruiken om de verbinding te ontdekken zijn eeuwenoud en het zal je reis naar Huis vergemakkelijken.

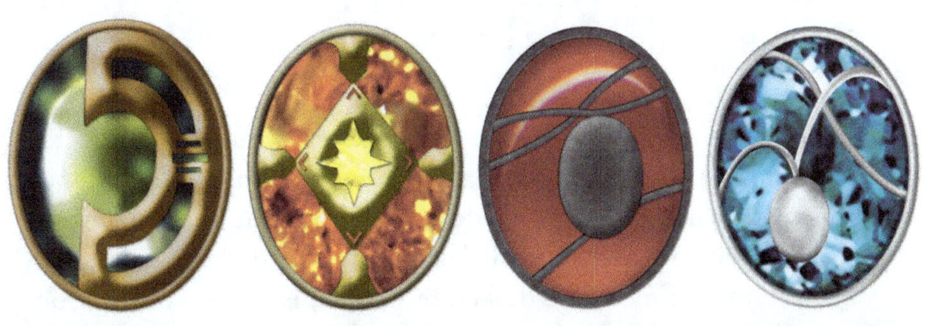

Er zijn vier Elementale Draken op aarde: Aarde, Lucht, Vuur en Water. De meesten onder ons kunnen zich hiermee gemakkelijk verbinden en ieder van ons heeft een specifieke voorkeur voor een van deze vier elementen, ook al is het zo dat alle energieën allemaal afzonderlijk en gezamenlijk kunnen worden benaderd en gebruikt zodra er bewustzijn is op het vermogen om ermee te werken. De connectie die je voelt met een van de Elementale Draken houdt niet noodzakelijkerwijs verband met je geboorteteken. Een weegschaal wordt bijvoorbeeld beschouwd als een luchtteken, maar kan best worden beïnvloed en/of aangetrokken door de Water Draak.

Deze draken zijn onze verbinding met de energetische drakenlijnen in ons fysieke lichaam en deze vormen daarmee ook onze poort naar vrijheid en volledig bewustzijn in het fysieke bestaan. Door er verbinding mee te maken en ermee te versmelten, kunnen de Zwarte en Witte Draken er vervolgens mee worden verbonden, wat dan leidt tot expansie met behulp van de Kristal Draak en kun je via de interdimensionale transmissie drakenlijnen naar de kern van de planeet en naar Metatron worden geleid.

Er is een natuurlijk evenwicht in de drakengeometrie wanneer we ze samenvoegen en gebruiken. Niet alleen is er balans te vinden in het samensmelten van de mannelijke en vrouwelijke aspecten van een bepaald type draak, maar ook andere combinaties kunnen samensmelten. De draken van de aarde en de lucht smelten bijvoorbeeld samen en ondersteunen elkaar, net als de draken van vuur en water. Om met meerdere draken te werken, is het het nuttigst om te werken met ofwel reeds samengevoegde energieën (mannelijk/vrouwelijk) van elk type (aarde, lucht, vuur of water) of om bijvoorbeeld te werken met de mannelijke aarde en de vrouwelijke lucht of het vrouwelijke water en het mannelijke vuur. Er zijn verschillende aspecten die je ermee moet verankeren en samen ervaren, zoals beschreven in de sectie Werken met meerdere draken tegelijk). Begin je werk met de draken echter individueel en concentreer je op het mannelijke of vrouwelijke aspect van elk.

Door middel van geluid, adem, beweging en het benutten van seksuele energie leggen we de verbinding en ervaren we dat ze in ons ontwaken. We voelen de transformatie wanneer de innerlijke draak ontwaakt en door ons heen ademt. Die adem verandert steeds; raspender, dieper, voller, heter... de ogen vliegen met tussenpozen open en we gaan naar de wereld kijken alsof we deze voor het eerst zien; wij kijken door het oog van de draken. Het lichaam kan spontaan beginnen te zwaaien en te bewegen en strekt zich op nieuwe manieren uit, alsof het de slapende spieren en gewrichten die al eeuwenlang stil staan, uitrekt.

Door met de draken te werken, kunnen nieuwe netwerken in je lichaam beginnen te stromen; zij maken zich kenbaar door warme sensaties door je hele lichaam. Wanneer de vier elementen van binnen worden gewekt en zijn samengevoegd, kunnen de Witte en Zwarte Draken worden benaderd, om een nog dieper niveau te bereiken.

Begin met de draak die je het meest aanspreekt, terwijl je ze alle vier voor je houdt. Neem er één tegelijk om mee te werken, veranker deze echt diep in je en verbind je er volledig mee, voordat je met de volgende gaat werken. Luister eerst naar de individuele cd-track voor de mantra van die draak om je van het juiste ritme en de juiste uitspraak te verzekeren en neem vervolgens de tijd om de klanken zelfstandig te vormen. Als je eenmaal voor jezelf met de drakengeluiden hebt gewerkt, kun je naar een dieper niveau van werk gaan door de cd-tracks in repeat modus te luisteren, zodat ze op de achtergrond doorgaan terwijl jij naar een diepere interne staat gaat in de aanwezigheid van de draak waarmee je werkt.

Als je de mantra's reciteert, is het belangrijk om deze hardop te klinken en niet alleen intern, om het uitzetten van de adem en de opkomende draak van binnen te voelen. Laat de bewegingen die vanuit deze ruimte komen, vrij door het lichaam stromen. De Aarde Draak kan bijvoorbeeld bij iedereen op een andere manier door het lichaam bewegen, hoewel de beschreven uitademingspatronen hetzelfde zullen zijn. Laat dit deel organisch en creatief zijn... dat is een van de sleutels van de draken. Als je je geneigd voelt om met hen te dansen, dans dan.

Zodra je een diepe staat van verbinding hebt bereikt, stem je je af en voel je of je je hebt verbonden met het mannelijke of vrouwelijke aspect van deze specifieke Elementale Draak. De eerste waarmee je verbinding maakt, vormt een diepe verbinding voor jou en is als een eerste steen waarmee je gaat bouwen. Het geslacht van de drakenenergie waarmee je je eerst verbindt, is onafhankelijk van je eigen geslacht.

Voor elk van de elementen zullen er verschillende ervaringen zijn met de mannelijke en vrouwelijke aspecten en worden er verschillende circuits in het lichaam geactiveerd. Wanneer met beide aspecten afzonderlijk is gewerkt, kun je vragen of ze in je willen samenvloeien. Deze samensmelting is een zeer krachtige ervaring met elk van de draken. Het is alsof je ervaart dat ze extatische liefde bedrijven in, om en door jou. Ze genieten ervan, net als jij.

Als je met deze energieën werkt is het helpend om je een beeld van de draak voor de geest te halen, of een afbeelding van het symbool voor elke draak bij je te hebben en indien mogelijk, een stuk steen of metaal waarmee ze verbonden zijn. Dit maakt de verbinding sterker en gemakkelijker toegankelijk, vooral wanneer je alleen werkt. Het ademen en klinken in groepen of met partners, zoals tijdens meditatie, zal de energiestromen nog meer versterken.

Je kunt ook spontaan met de draken werken, bijvoorbeeld als tijdens je slaap verbinding is gemaakt. Ze werken graag met je tijdens een diepe REM-slaap, omdat we in die staat opener en ontvankelijker zijn. Maak je geen zorgen als je de ervaring niet kunt herinneren; probeer gewoon te onthouden met welke draken je werkte en misschien een dagboek bij te houden voor een latere referentie.

Je werk met de Elementale Draken is de eerste laag van verbinding en het eerste ontwaken van oude paden door het lichaam. Het vormt de basis voor de verankering van het Lichtlichaam in het fysieke, dit is wat de Interdimensionale Draken je zullen brengen. Neem er de tijd voor, net als bij het leggen van een fundering. Dit zal het daaropvolgende werk niet alleen dieper maken, maar ook echt mogelijk; de draken zullen op bepaalde niveaus niet met je werken, mocht je niet goed voorbereid zijn.

Dit geldt vooral voor de gaven die de Elementale Draken brengen, wanneer je het werkniveau van het Oog van de Draak bereikt. Werken op dit niveau stelt ons in staat om onze co-creatieve goddelijkheid te bereiken en weer toegang te krijgen tot de stromen van goddelijk bewustzijn en tot de sleutels van de bewuste manifestatie van het brengen van de Geest in de Materie. Het is de moeite waard om een solide basis te leggen, om dit werkniveau te kunnen bereiken.

DE AARDE DRAAK

- » Verbonden met Ishtar
- » Functie: de activator van wilde, orgastische, krachtige energiestromen in het lichaam en de grondlegger van de manifestatie in het fysieke

- » Steen: Moldoviet
- » Metaal: Koper
- » Mantra: Mee Tu Am Na Hey Rua

Om het Lichtlichaam en onze intenties en creaties volledig in het fysieke te aarden, is de Aarde Draak het meest krachtig voor ons. Hij/Zij is een prachtig slangachtig wezen met een diepe bruinachtig-groene levendige energie onder het huidoppervlak. De mannelijke Aarde Draak van Mu bewoont Zuid-Amerika', uitgestrekt van Argentinië tot de Caribische eilanden, terwijl zijn vrouwelijke tegenhanger het grootste deel van Oost-Australië beslaat, met haar staart die zich uitstrekt tot in de diepe oceaangeul ten oosten van het Aziatische continent.

Om verbinding te maken met de Aardedraken, moet je in een comfortabele positie zitten. Stel je voor dat je naar een kleine grot diep in de aarde wordt geleid. Er is een beetje licht beschikbaar van een onbekende bron. Ga in de grot zitten en begin te ademen. Wanneer de ademhaling raspend en laag begint te voelen, zoals die van een draak, begin dan de mantra diep te zingen tijdens de uitademing. Chant de hele mantra bij elke in- en uitademing, als één continu geluid.

Vraag je innerlijke gids of je eerst de mannelijke of de vrouwelijke Aarde Draak wilt oproepen, of dat degene die met je wil samenwerken naar voren komt. Als je met beiden afzonderlijk hebt gewerkt, kun je de ervaring oproepen dat ze zich in je versmelten.

Je zult merken dat, wanneer je met de mannelijke Aarde Draak werkt, je adem over de vloer van de grot wordt gestuwd en dat je lichaam zich in een slangachtige, kronkelige beweging in zijwaartse achtvormige figuren begint te slingeren. Naarmate de energie toeneemt en de mantra krachtiger klinkt, zul je de energie over de schouders en langs je rug naar je hamstrings voelen dalen, alsof de Draak achter je staat en langs je rug ademt. Dit zijn de kanalen die hij voor je opent. Ze dragen fysieke kracht en aarding en vormen de grondslag van nieuwe creaties en manifestaties die je in je fysieke realiteit wilt brengen.

Wanneer je klaar bent om met de vrouwelijke Aarde Draak te werken, zal zij de ademhaling in een cirkelvormig patroon uitademen en deze over het plafond van de grot sturen. Beweeg het hoofd in een cirkel tegen de klok in, adem de mantra in tijdens het naar beneden gaan en adem uit terwijl je de mantra uit laat klinken en tegelijkertijd je hoofd langzaam over de bovenste helft van de cirkelbeweging gaat. Dit creëert een draaikolk van energie waardoorheen creaties worden geleid die als een ei aan de basis van de buik gedragen dienen te worden, direct voor de baarmoeder of hara-ruimte. (Zie voor geavanceerde technieken de beschrijving in Het Oog van de Aarde Draak.) Je zult de energiecircuits aan de voorkant van je lichaam voelen openen vanaf de borstspieren aan de voorkant van je borst tot ongeveer halverwege je dij.

De mannelijke aarding geeft je vooral een gevoel van weten en zekerheid bij beslissingen in de fysieke realiteit, terwijl de vrouwelijke aarding een boost geeft in zelfvertrouwen en zelfrespect (de zekerheid ten aanzien van beslissingen voor jezelf ten opzichte van de wereld). Ze helpen allebei het centrale deel van je Lichtlichaam te verankeren naar de kern van je fysieke lichaam, over de hele romp. Dit komt tot uiting in een lichter, maar toch steviger en geaard gevoel.

Blijf ademen, reciteer de mantra en probeer je inademingen en uitademingen te synchroniseren met de adem van de Aarde Draak. Blijf minstens 10 minuten chanten en ademen en concentreer je op de gevoelens en sensaties die op en neer pulseren op de voor- of achterkant van de romp, afhankelijk van met welk aspect van de Draak je werkt. Op een gegeven moment, als je in een zeer diepe meditatieve staat bent, kun je de mantra intern laten klinken, non-verbaal. De adem blijft zwaar, diep en synchroon meebewegen met die van de Aarde Draak.

Hoe langer je bij deze oefening kunt blijven, hoe levendiger en uitgebreider deze paden zullen worden. Je voelt ze tintelen en tot leven komen. Werk op deze manier samen met de mannelijke en vrouwelijke Aarde Draken om deze oude paden uit te breiden en te openen, voordat je ze samenvoegt. Hoe meer je met ze werkt, hoe meer deze energie zich in je verankert en hoe gemakkelijker deze kanalen open en stromend blijven. Dit zal zich gaan manifesteren in de zekerheid in besluitvorming en in zelfvertrouwen die ze in je leven brengen.

Tot die tijd kun je ze ook inzetten om juist deze aspecten te versterken, totdat ze volledig verankerd zijn. Het zal handig zijn om bijvoorbeeld met de mannelijke Aarde Draak te werken voordat je een beslissing moet nemen. Open op dezelfde manier de kanalen van de vrouwelijke Aarde Draak, voordat je dingen doet die je nerveus maken, bijvoorbeeld spreken in het openbaar of sollicitatiegesprekken.

Nadat je met zowel de individuele mannelijke als de vrouwelijke aspecten van de Aarde Draak hebt gewerkt, zul je ze in jezelf willen samenvoegen.. Om dit te laten gebeuren begin je op dezelfde manier en breng je ze vervolgens afzonderlijk één voor één in, totdat je voelt dat de bekende paden die ze openen tot leven komen en geactiveerd worden op zowel de voor- als achterkant van je romp. Vraag ze dan om in je op te gaan en blijf ademen en intern met ze chanten, totdat je voelt dat ze naar elkaar toe bewegen.

De samensmelting opent verdere paden binnen je romp die de belangrijkste punten van de voor- en achterkant van het lichaam verbinden, vooral door de baarmoeder/hara-ruimte. Het voelt als een interne explosie of een orgasme van het hele lichaam als deze verbindingen voor het eerst opnieuw worden geactiveerd. Nogmaals, blijf zo lang mogelijk bij de adem om deze verbindingen te verdiepen en verder te openen. Geniet van de extase van de ervaring, wetend dat deze gelukzaligheid de erfenis is van je goddelijke geboorterecht. En alle wezens in het universum genieten van jou terwijl de ankerpunten van je Lichtlichaam zich vastzetten!

Wanneer je een sessie met de Aarde Draken voltooit, laat de mantra dan ophouden, laat je ademhaling weer normaal worden en ga in de grot zitten om alles te integreren. Bedank ze dan voor het werk dat ze met je hebben gedaan voordat je terugkeert naar het hier en nu.

DE LUCHT DRAAK

» Verbonden met Kwan Yin

» Functie: belangrijkste drager in bewustzijn door mededogen

» Steen: Amber en Geel Topaas

» Metaal: Messing

» Mantra: Mee Ru Ah Tu Nay Ah Oh

De Lucht Draak creëert enorme vortexen tussen de hemel en de aarde om informatie en energie tussen deze twee in het bewustzijn over te brengen. Ze zorgen voor revolutie en opruiming op grote schaal, zowel persoonlijk als planetair. De Lucht Draken creëren de orkanen en tyfoons op de planeet, om bewustzijn te brengen naar gebieden met dichte energie... door open te breken, te transformeren en nieuwe niveaus van bewustzijn en gemeenschap te ontwikkelen.

De Lucht Draken zijn krachtige wezens met enorme vleugels en grote lichamen, met een geeloranje glans. De mannelijke Lucht Draak van Mu strekt zich uit over het grootste deel van de Chinese kustlijn tot in de meest noordelijke regio's van Siberië. De vrouwelijke Lucht Draak houdt de oostelijke regio's van Noord-Amerika in positie vanaf de Appalachen tot aan de Elizabeth-eilanden van Canada.

Om met de Lucht Draak te werken, visualiseer je jezelf terwijl je op een wolk zit, halverwege tussen hemel en aarde. Begin met het zingen van de mantra en voel je hoofd naar de hemel of de aarde stijgen. Wanneer je hoofd naar de hemel draait, werk je met de vrouwelijke Luchtdraak. Je hoofd beweegt van nature in een cirkel tegen de klok in, alsof je met je adem een grote cirkel tekent, helemaal rond de hemel. Naarmate de mantra vordert, zal er een grote draaikolk openen en je zult voelen dat deze geleidelijk in snelheid en omvang toeneemt en je kruinchakra binnengaat. Dit is het directe pad voor nieuw bewustzijn om in je Lichtlichaam te komen wanneer het volledig verankerd is. Je gaat hiermee aan de slag als je met het Oog van de Luchtdraak gaat werken.

Als je met de mannelijke Lucht Draak werkt, zul je merken dat je ademhaling een vergelijkbare cirkel tegen de klok in neerwaarts trekt die de aarde omvat en een vergelijkbare, perfect gespiegelde draaikolk van de aarde, deze komt in je wortelchakra binnen. Dit zorgt voor een golf van communicatie, een verbinding van je lagere chakra's met de kern van de planeet.

Ga door met het zingen van de mantra en adem in de draaikolk, zodat deze hoger, breder en sneller kan draaien totdat je een verticale energiezuil voelt. Deze zuil komt in de kern van de draaikolk binnen, hetzij vanuit de kosmos, hetzij vanuit de kern van de planeet. Terwijl je dit doet, zul je vanzelf voelen dat je de mantra los kunt laten en je naar een diepe meditatieve staat in de vortex kunt bewegen.

Of het nu met de vrouwelijke Lucht Draak in de kruin is, of met de mannelijke in de wortel, voel de energiezuil naar beneden of naar boven bewegen door de vortex en zo diep mogelijk in de wervelkolom. Het moet net boven of onder het hartchakra stoppen. Herhaal je werk met de Lucht Draken afzonderlijk, totdat dit je lukt. Het samenvoegen kan daarna pas. Blijf in deze staat van zijn en voel het pulseren van de energiezuil nu in je ruggengraat, terwijl het zich uitbreidt en zo het circuit van dit oude pad opent. Wanneer je voelt dat de energie begint te verdwijnen, breng je je bewustzijn terug naar het fysieke lichaam en de kamer om je heen.

Als je klaar bent om de Lucht Draken samen te voegen, begin dan op dezelfde manier en breng het mannelijke of vrouwelijke aspect naar voren. Zodra de vortex snel ronddraait, herhaal je het mantra- en ademhalingspatroon om het tegenovergestelde aspect binnen te halen. De twee samen creëren een zandloper, met jou in het midden, waarbij beide helften tegen de klok in draaien naar het midden waar ze elkaar ontmoeten.

Breng je adem naar het midden, blijf de mantra zingen en visualiseer dat de vortexen hoger, breder en sneller tegelijkertijd draaien. Je zult ervaren dat de vertrouwde energiezuilen van beide kanten de draaikolken binnengaan en in de rug naar elkaar toe beginnen te komen. Ga zo lang mogelijk door met de mantra terwijl ze naar elkaar toe bewegen.

Wanneer de twee samensmelten, zal er een tinteling en opening langs de hele wervelkolom zijn, vergelijkbaar met een ervaring van de stijgende kundalini, maar veel krachtiger. Deze oefening kan de neiging hebben om je licht in het hoofd of duizelig te maken, dus het is het beste om in een zittende houding te doen en van tevoren iets te eten klaar te zetten om je te gronden na de ervaring; chocolade en brood zijn hiervoor uitstekend geschikt. Hoe meer je het oefent en dit kanaal opent, hoe minder fysieke bijwerkingen je zult ervaren.

Blijf zo lang mogelijk bij deze ervaring, voordat je je aandacht weer richt op het lichaam en de kamer om je heen. Zit stil terwijl je de nieuwe energieniveaus integreert, die door de wervelkolom en chakra-kanalen pulseren. Probeer niet te snel je dagelijkse routine op te pakken. Plan deze sessie met voldoende tijd om gewoon binnen deze energie te kunnen zijn. Dit is iets om aan te wennen en om te laten integreren.

DE VUUR DRAAK

» Verbonden met Isis

» Functie: belangrijkste krachtbron om expressie en manifestatie aan te wakkeren

» Steen: Carneool

» Metaal: Ijzer

» Mantra: Bah Tu Haa Beesh Tau Hay

De Vuurdraak ontsteekt je kern en verbrandt je angsten, beperkingen en oude karmische blokkades, die vastzitten in de lagere chakra's. Dit omvat het verbranden en opruimen van alle geboortetrauma's en chemicaliën die nog steeds in het lichaam vastzitten na de geboorte met de onbewuste praktijken van de afgelopen millennia. We hebben allemaal zeer reële biochemische stoffen in ons lichaam die voortkomen uit levens van traumatische geboorten, lijden, angst, woede en 'slachtoffers' zijn van levenservaringen. De Vuurdraak is dus een krachtige bondgenoot waarmee je intensief kunt samenwerken en die je niet mag inzetten zonder te beseffen dat je klaar bent om je demonen onder ogen te zien.

Dit sinistere gevleugelde wezen neemt je mee naar de donkerste delen van jezelf, om door deze delen naar het Licht te bewegen. Als je bereid bent om door die ruimte te bewegen, zal de Vuur Draak een van je grootste bondgenoten worden om zaken op het fysieke niveau te manifesteren. Door deze bereidheid om naar de duisternis te gaan, deze te voeden met de fakkel van goddelijke liefde en onze eigen illusies te doorzien, vinden we helderheid en licht aan de andere kant. De Vuur Draken voelen soms als een onheilspellende, bijna angstaanjagende aanwezigheid. Als je ze met helderheid ziet, realiseer je je hoe de diepte van hun liefde het vuur van hun adem voedt dat rechtstreeks uit hun hart naar ons toe komt.

De Vuur Draken van Mu verblijven met hun hart in de actieve supervulkanen op de planeet. De mannelijke Vuur Draak strekt zich uit door de westelijke Verenigde Staten en Canada, met zijn hart onder het Yellowstone National Park en zijn staart door Midden-Amerika. De vrouwelijke Vuur Draak strekt zich uit over de meeste Indonesische eilanden, haar hart bevindt zich onder Sumatra en haar staart loopt helemaal door de Himalaya. Ze was verantwoordelijk voor de onrust en de tsunami die deze regio in december 2004 trof, die veel chaos en een van de grootste samenwerkingsverbanden in de menselijke geschiedenis veroorzaakte. Dit is het licht dat voortkomt uit de duisternis. Dit is hun geschenk.

Om met de Vuurdraak te werken, moet je in een comfortabele houding zitten en visualiseren dat je voor of midden in een laaiend vuur zit. De daadwerkelijke aanwezigheid van een vuur en/of een deken is nuttig. Concentreer u alleen op ademhalen en gecentreerd raken. Als je er klaar voor bent, begin dan met het zingen van de mantra en stuur de adem alle kanten op in het vuur om je heen. Je voelt een ijsdeken over je heen komen. Dit is de aanwezigheid van de Vuurdraak. Hij/Zij werkt in het tegenovergestelde van wat we verwachten.

Beweeg je vuisten naar elkaar toe, recht voor je buik, tussen je navel en je borstbeen, op elkaar. Vrouwen houden de rechtervuist boven, mannen de linkervuist boven rechts. Blijf je concentreren op het in- en uitademen van de mantra en voel hoe het interne vuur in je buik zich uitbreidt.

Als de mannelijke Vuurdraak aanwezig is, voel je een vuurbal groeien tussen het tweede (onder je navel) en derde chakra (de zonnevlecht). De vrouwelijke Vuurdraak zal gecentreerd zijn in het eerste en tweede chakra, tussen de geslachtsorganen en de baarmoederruimte/hara. Het kan zijn dat u zich tijdens deze oefening misselijk voelt, dus bouw het geleidelijk op, te beginnen met een paar minuten. Zo verbrand je geleidelijk de blokkades en maak je een steeds diepere verbinding met het circuit in je lichaam dat de Vuurdraak ontsteekt.

Ga door met het zingen van de mantra en richt je aandacht op de groeiende innerlijke vuurbal. Stuur je adem vanuit je hart naar de vuurbal om deze uit te zetten en heter te laten branden. Dit voelt tegenstrijdig aan, omdat je adem ijskoud is, net als de adem van de Vuur Draak. Terwijl het vuur binnenin zich opbouwt naar een ijskoud hoogtepunt, voel je de rest van je lichaam ook ijskoud worden. Blijf zo lang mogelijk in het vuur ademen: hoe 'heter' het brandt, hoe meer Vuur Draak-paden in het lichaam kunnen worden geopend.

Je kunt negatieve of 'donkere' emoties of herinneringen ervaren; adem ze dan diep in je hart in en blaas ze met een krachtige uitademing uit, in het vuur. Als de ene emotie eruit is, kan er een andere, oudere, diepere ontstaan; dit is een teken dat je steeds oudere paden vrijmaakt. Blijf ze in het vuur blazen, totdat je een bepaalde innerlijke rust bereikt. Wanneer je deze ruimte met elk van de mannelijke en vrouwelijke Vuur Draken hebt bereikt, kun je ze gaan samenvoegen.

Ga rustig in deze ruimte zitten totdat u er klaar voor bent om uw aandacht terug te brengen naar uw fysieke lichaam en uw omgeving. Je begrijpt nu de suggestie van een vuur of deken. Het kan zijn dat u het tot op het bot koud heeft en dat een lange warme douche of bad waarschijnlijk nodig zal zijn om u op te warmen.

Neem de tijd met deze Vuurdraak-energieën; voeg de twee niet te vroeg in uw werk ermee samen. Het is raadzaam om tijdens het ademen een rechte houding van de wervelkolom aan te houden. Wanneer je klaar bent om de Vuurdraken samen te voegen, begin dan zoals je normaal zou doen met de ademhaling, mantra en hand-positie. Vraag de Vuurdraken om met je samen te smelten als ze er klaar voor zijn. U zult voelen dat er kleine brandjes ontstaan in beide delen van de buik. Als beide aanwezig zijn, begin dan afwisselend in elk vuur te ademen en bouw het vuur langzaam op. Wanneer de vuren allebei brullen en het extreem koud begint te worden, weet je dat de twee op het punt staan te fuseren.

Wanneer de twee samensmelten, ervaar je een grote vuurbal in de onderste helft van je romp die het lichaam met een krachtige explosie van ijs naar vuur beweegt en je vervult met een gevoel van kracht of veiligheid in jezelf. Dit zal de plek zijn van waaruit je je creaties in de wereld zult manifesteren. Dit wordt nog concreter wanneer je het werkniveau binnen het Oog van de Vuurdraak bereikt.

Geniet van de warmte en het licht van deze ruimte en voel dat je lichaam van binnenuit warm is. Blijf hier zo lang als je wilt en als je het bewustzijn terug naar het fysieke brengt, kijk dan of je deze nieuwe innerlijke gloed kunt behouden.

DE WATER DRAAK

- » Verbonden met Lady Nada
- » Functie: transmissie en verbinding door dimensies; de dirigent/de geleider
- » Steen: Aquamarijn
- » Metaal: Zilver
- » Mantra: Mee Ray An Nu Ah Tu I

De Water Draak is onze verbinding met Alles Wat Is. De Water Draak is als de navelstreng voor de stroom van licht, coderingen en transmissies... de geleider voor de informatie en onvoorwaardelijke liefde. Als zodanig is hij/zij een cruciale schakel in de afdaling van ons volledige Lichtlichaam naar het fysieke lichaam.

Dit is waar ons ascensieproces eigenlijk over gaat: de afdaling van de Hemel naar de Aarde. Dat gebeurt als we met ons volledige Lichtlichaam afdalen naar deze dimensie. Ook Gaia gaat door haar eigen ascensie door haar Lichtlichaam af te laten dalen. De Water Draken van Mu zijn dan ook een belangrijke schakel in het opnieuw verbinden van haar navelstreng, die al miljarden jaren is afgesloten door de aanwezigheid van Tiamat.

De Water Draken zijn de grootste van de Draken van Mu en het was de taak van de vrouwelijke Water Draak om voor het eerst, sinds de vorming van de planeet, de Raad van Mu opnieuw bijeen te roepen, om de laatste fase van genezing voor Gaia en de mensheid te beginnen. De vrouwelijke Water Draak ligt diep in de oceaanbodem, met haar hoofd net voor de kust van Peru en houdt een groot deel van de zuidelijke Stille Oceaan in positie, terwijl de enorme mannelijke Water Draak onder de hele Indische Oceaan ligt. Het zijn schitterende slangachtige wezens, met enorme kracht en nog grotere zachtheid. Ze zijn een mix van het diepste lapis lazuli blauw en groen; de kleur die je zou kunnen zien als je de aarde van miljoenen kilometers afstand bekijkt.

Om met de Waterdraken te werken, stel je voor dat je tot aan je borst in het water staat, in de zachte golven, aan de kustlijn. Je wordt zachtjes heen en weer gewiegd door het getij. Beweeg mee met dit ritme en laat de ademhaling volgen. De adem met de mantra stroomt als golven door je heen, vloeit tegen de dichte energie in, breekt deze, lost deze op en ruimt deze op.

De adem reist langs al deze blokkades en opent een kanaal tussen je Hogere Hart (halverwege tussen de Hart- en Keelchakra's) en de kristallijne kern van de planeet. Stel je een witte buis van licht voor die vanuit je Hogere Hart door de oceaan naar die kristallijne kern leidt en daar verbinding maakt en van daaruit, door een gat in deze kern, naar de kosmos leidt..

Ga door met het in- en uitademen van de mantra, waarbij je deze buis van licht verdiept en verbreedt. Naarmate deze verbinding zich verdiept, zul je de warmte voelen opstijgen in het Hogere Hart. Er stroomt een zachtheid in, als een rivier van Genade, die je borst vult met een glinsterende gloed van Licht. Word er zacht van en geniet van de gelukzaligheid. Dit is het werk van de vrouwelijke Waterdraak. Zij helpt je ontvangen via dit kanaal.

Je voelt de golven van liefde en licht ritmisch binnenkomen met het ritme van haar hartslag, rechtstreeks gepompt vanuit de kern van de planeet. Aangezien de kanalen in je hart en borst zich openen om deze energie te laten circuleren, kun je verkrampingen, hart-kloppingen of hoestbuien ervaren, wanneer de blokkades in deze paden worden opgeheven. Blijf erbij en synchroniseer je ademhaling en hartslag met die van de vrouwelijke Water Draak. Dit kan tranen en opwelling van diepe emoties oproepen, aangezien velen van ons het ontvangen van liefde nog niet eerder op zo'n diep niveau hebben ervaren.

Wanneer je met de mannelijke Water Draak werkt, zul je voelen dat gelukzaligheid door je borst wordt gecirkeld en naar de kosmos beweegt, waarbij de liefde en het licht terugkomen en het kanaal in de tegenovergestelde richting openen. Dit is een krachtige aan-kondiging voor alle wezens in de kosmos, dat je klaar bent om te evolueren! Je kunt je concentreren op het uitbreiden van de buis van Licht die je Hoge Hart verlaat, met een diepe focus en intentie op de puurste Liefde die je vanuit je Wezen kunt uitzenden. Heb je je ooit gerealiseerd dat je zoveel kon geven?

Blijf bij de ervaring van de mannelijke of vrouwelijke Draak, totdat je borst helder en verruimd aanvoelt en de inkomende en uitgaande kanalen in de buis van licht zo ruim mogelijk aanvoelen. Breng dan langzaam je focus terug naar de rest van het lichaam en de kamer om je heen. Neem de tijd om gewoon te gaan zitten en deze expansie in de borst te integreren, samen met eventuele inzichten die je hebt opgedaan. Je bent nu klaar om de Water Draken samen te voegen.

Om de mannelijke en vrouwelijke Waterdraken samen te voegen, begin je op dezelfde manier, eerst werkend met de vrouwelijke Waterdraak om het inkomende lichtkanaal vanuit de kern van de planeet uit te breiden en vervolgens de mannelijke Waterdraak uit te nodigen om het uitgaande kanaal uit te breiden. De intentie om ze samen te voegen is voldoende, de energie volgt jouw intentie. Terwijl ze samensmelten, zul je voelen dat de stroom van Liefde en Licht een pulserender ritme aanneemt terwijl de buis zich van binnenuit splitst en om zichzelf heen begint te draaien, in een dubbele helix van Licht. Je zult het gevoel hebben dat er oneindige lichtslingers in je zijn, door je heen en om je heen... een fantastische, wilde rit op een achtbaan van liefde. Je zult de ongetemde, kloppende extase van de Draken voelen terwijl ze één worden in jou in een zee van Liefde. Baad jezelf er zo lang mogelijk in.

Heel langzaam laat je de gewaarwordingen wegebben. Blijf je scherp gewaar van alle gewaarwordingen in je lichaam en zit dan een tijdje in stille meditatie. Wanneer je klaar bent om je aandacht weer op het fysieke lichaam te richten, zal je borst enorm en uitgestrekt aanvoelen, alsof het hele universum erin rondzwemt. Adem diep en langzaam in en adem deze prachtige kracht uit in alles om je heen.

Let de komende uren, dag of dagen op hoe lang je dit uitgebreide gevoel op de borst kunt behouden. Het kan ook zijn dat je perceptie van dingen om je heen of die van anderen verandert.

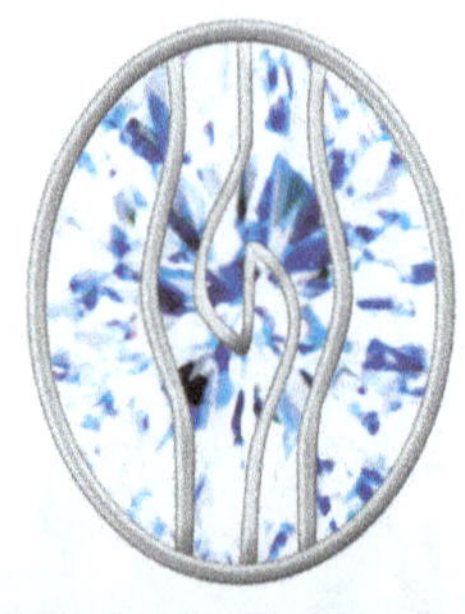

De Intergalactische DRAKEN VAN LICHT

Wanneer je met de Intergalactische Draken gaat werken, voel dan of je eerst met de Zwarte of de Witte Draken wilt werken. Zorg ervoor dat je grondig hebt gewerkt met elk van de Elementale Draken, tot het niveau van het samenvoegen van de mannelijke en vrouwelijke aspecten. Je zult merken dat, ook al hebben de Zwarte en Witte Draken beiden een mannelijk en vrouwelijk aspect op het fysieke vlak, wanneer je met ze werkt ze al samengevoegd zullen zijn. Ze zijn een levend voorbeeld van eenheidsbewustzijn: eenwording binnen het individu. Net als tweelingzielen zijn ze nooit echt gescheiden, zelfs wanneer tweelingzielen fysiek verwijderd van elkaar leven.

Werk met deze twee afzonderlijk en pas als je er klaar voor bent, met de twee samen. Je weet vanzelf wanneer het werk met de Kristallijnen Draak toegevoegd kan worden. Het heeft enkel nut om het werk met de Kristallijne Draak op te pakken, als de andere twee volledig in je zijn opgegaan.

Als je in de buurt bent, is het krachtig om verbinding te maken met de Zwarte of Witte Draken op een van de belangrijkste punten langs de Michael Lijn (ook bekend als de Apollo Lijn). Deze strekt zich uit van Leie Ierland, via het Verenigd Koninkrijk en via Frankrijk naar Israël: Skellig Michael, St. Michael's Mount, Mont

St. Michel, Bourges, Sacra di San Michele, Perugia, Corfu, Delphi, Athene, Delos, Rhodos, de berg Carmel, om er maar een paar te noemen. Hun energieën zijn met elkaar verweven langs een groot deel van deze lijn en dat maakt het mogelijk om op deze locaties een diepere, krachtigere verbinding te ervaren.

De leylijnen die door Avebury en Glastonbury in het Verenigd Koninkrijk lopen, zijn ook behoorlijk krachtig om je mee verbinden. Hetzelfde fenomeen doet zich voor in de Stille Oceaan bij het werken met deze twee draken. Er zijn veel krachtige gebieden, vooral in de hele keten van Hawaiiaanse eilanden, om contact met hen te maken: Mauna Kea op Hawaï, de Iao-vallei in Maui en de berg Waialeale in Kauai. De Tahitiaanse eilanden hebben ook een paar belangrijke krachtpunten voor deze twee.

De driehoek van energieën tussen de Zwarte, Witte en Kristallijne Draken is onze verbindingszone tussen het aardse vlak en de interdimensionale vlakken. Het is het eerste niveau om de punten van het fysieke lichaam - die zijn geactiveerd door de Elementale Draken - weer te verbinden met hun tegenhangers binnen het Lichtlichaam.

Het creëert ook een transmissieruimte voor ons om toegang te hebben tot de hogere coderingen van het DNA en ze geactiveerd te krijgen, wat leidt tot de feitelijke verankering van het Lichtlichaam in het fysieke. Metatron is nauw verbonden met dit aspect van de Kristallen Draak en misschien voel je of ervaar je zijn aanwezigheid wanneer je werkt met deze draak.

Deze driehoek kan ook worden ingeschakeld voor bescherming, je kunt dan de Zwarte, Witte en Kristallen Draken aanroepen, of Michaël, Melchizedek en Metatron vragen een driehoek om je heen te vormen. Ze zullen een ruimte van bescherming voor je maken als je het gevoel hebt dat je wordt bedreigd of omringd door verdichte energieën die ongemakkelijk voor je zijn. Wees je echter bewust van het onderscheid tussen de dichtere energieën die zich buiten jou bevinden, versus die dichtere energieën in jezelf die opstijgen om te worden opgeruimd of opgelost.

Als je eenmaal op een diep niveau met deze energieën hebt gewerkt, hoef je deze drie niet meer bewust aan te roepen, omdat je ze altijd bij je zult dragen. Dit zal je in een meer vreedzame aanwezige staat van zijn en bewustzijn brengen. Je zult situaties duidelijker zien en begrijpen, zonder oordeel of emotie. Dit is een cruciale stap op weg naar terugkeer naar onze natuurlijke staat van eenheidsbewustzijn.

DE ZWARTE DRAAK

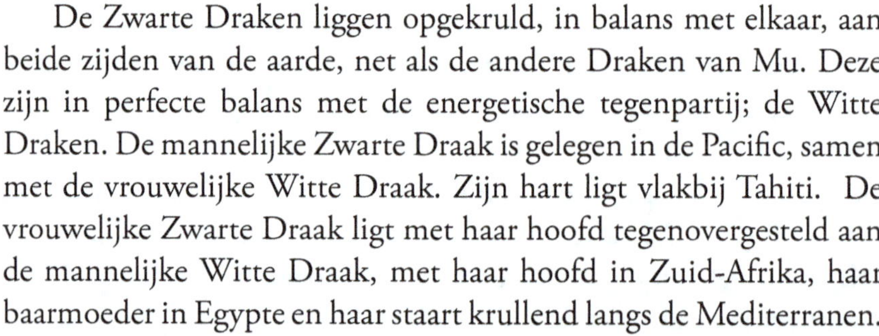

- » Verbonden met Aartsengel Michaël

- » Werkt met: schaduwkanten, sterven, primordiale kracht, zuivering van schaduwen

- » Steen: Carborundum (Silicium-carbide dat bij hoge temperaturen is gemaakt.)

- » Metaal: Goud

- » Mantra: Bee Shto MI Tu

De Zwarte Draken liggen opgekruld, in balans met elkaar, aan beide zijden van de aarde, net als de andere Draken van Mu. Deze zijn in perfecte balans met de energetische tegenpartij; de Witte Draken. De mannelijke Zwarte Draak is gelegen in de Pacific, samen met de vrouwelijke Witte Draak. Zijn hart ligt vlakbij Tahiti. De vrouwelijke Zwarte Draak ligt met haar hoofd tegenovergesteld aan de mannelijke Witte Draak, met haar hoofd in Zuid-Afrika, haar baarmoeder in Egypte en haar staart krullend langs de Mediterranen.

De Zwarte Draak kan van vorm veranderen, net als de Witte en de Kristallijne Draak en dat kan er voor iedereen anders uitzien. Meestal laten ze zich zien als andere draken, met één hoofd, enorme vleugels, een krachtige staart en een vuuradem. Verschillende aspecten van de Zwarte Draak kunnen zich echter op een andere manier uiten. Hij kan ook tot drie hoofden hebben en onverwacht ijs ademen. Deze ijsadem is het andere uiterste van de vuuradem en kan eveneens zuiveren en vernietigen.

De adem van de Zwarte Draak klinkt diep, keelachtig en dreigend. Het brandt met arctische kracht, ontbrandt dingen die diep in het lichaam worden vastgehouden en brengt ze naar de oppervlakte om te worden opgeschoond. Het verbindt ons met de oorspronkelijke energieën die in ons diepste opgesloten zitten en neemt ons mee naar de grotten van ons onderbewustzijn om onze persoonlijke demonen te verslaan - die dingen die ons ervan weerhouden verbinding te maken met onze ware kracht.

Ga comfortabel zitten, met je ruggengraat rechtop en begin rustig te ademen. Wanneer je je gecentreerd voelt, zal het nuttig zijn om eerst de paden in het lichaam te wekken die betrekking hebben op elk van de Elementale Draken. Doe dit door de mantra voor elk in volgorde te chanten:

Aarde - Mee Tu Am Na Hey Rua

Lucht - Mee Ru Ah Tu Nay Ah Oh

Vuur - Bah Tu Haa Beesh Tau Hay

Water - Mee Ray An Nu Ah Tu I

Focus op elk afzonderlijk gedurende zoveel rondes van de mantra als nodig is, totdat je voelt dat ze actief zijn. Doe dit voor alle vier. Je moet de voor- en achterkant van je romp, je ruggengraat, je buik en je hart allemaal voelen tintelen en openen voordat je verder gaat.

Begin nu met een raspende ademhaling achterin de keel uit en in te ademen, waarbij je jezelf voorstelt als een enorme draak die in een donkere, vochtige grot van een oude wereld zit. Wanneer je je volledig verbonden voelt met dit beeld, begin dan met het zingen van de mantra van de Zwarte Draak bij het uitademen en adem laag over de vloer van de grot, alsof je de grot probeert te overspoelen met de ijzige mist die door je heen stroomt, een mist zo ijzig dat het brandt. Houd dit zingen enkele minuten aan.

Uiteindelijk zul je een dunne spiraal van zwart licht uit de vloer van de grot voelen komen, met de klok mee omhoog draaiend in de basis van je ruggengraat. Ga door met de mantra, totdat je voelt dat de spiraal je kruin bereikt en naar boven strekt, zich uitstrekkend in beide richtingen. Nu kan de mantra in stilte worden voortgezet. Ga ermee door, terwijl je voelt dat de spiraal in diameter groeit en langzaam naar buiten uitzet, totdat deze je hele lichaam omvat. Blijf op dit punt zitten en mediteer in deze ruimte. Mogelijk voel je duizeligheid in de buik of lichte misselijkheid. Dit zal gemakkelijker worden en integreren, naarmate je vaker met de Zwarte Draak werkt.

In deze meditatieve ruimte komen dingen aan het licht vanuit je diepe, donkere plekken. Ze komen naar voren om te worden opgeruimd. Dit is een dieper niveau dan de emoties en herinneringen die je met de Vuur Draak hebt opgeruimd. De Vuur Draak kon alleen dingen opruimen die de energiekanalen blokkeerden. De Zwarte Draak kan alle karmische knopen van levens in je DNA en in je cellulaire geheugen opruimen; sommige knopen zijn zelfs ontstaan vanuit het collectieve bewustzijn.

Sta jezelf toe ze te zien en erken ze zonder oordeel of emotie. Ze zijn er gewoon. Het zijn delen van jezelf die nodig waren voor je reis of reizen, maar die je nu kunt vrijlaten. Houd ze voor je en adem het ijzige vuur erin met de duidelijke bedoeling om ze volledig op te lossen. Dit is het geschenk van de Zwarte Draak.

Elke keer dat je met de Zwarte Draak werkt, komen er meer dingen naar boven om te worden opgeruimd, steeds op een diepere laag, die mogelijk levenslang verborgen is geweest. Als je niets voelt opkomen, zend dan de raspende adem uit over de vloer van de grot en vraag hem om naar diepere ruimtes te gaan en dingen naar voren te brengen. Doe dit, totdat het echt voelt alsof er niets verborgen is in de diepste uithoeken van de grot.

Wanneer je dit punt bereikt en je hebt je werk met de Witte Draak ook al voltooid, ben je klaar om de Zwarte en Witte Draken samen te voegen. Blijf rustig zitten en sta jezelf toe de roterende zwarte spiraal te voelen die je omringt. Het bevat een deel van je genetische codering en de codering van de mensheid. Voel de kracht ervan. Voel de kracht van de aartsengel Michaël die er doorheen stroomt.

Wanneer het compleet voelt, laat je je ademhaling zachter worden en breng je je aandacht naar je lichaam en uiteindelijk naar de kamer. Dit heeft een krachtige werking. Neem je tijd voordat je weer opstaat en in beweging komt. Je zult je hoogstwaarschijnlijk met een ander bewustzijn door de dag bewegen.

DE WITTE DRAAK

» Verbonden met Aartsengel Melchizedek

» Werkt met: creatie, aarding, zonne-energie, activering, afstammingsverbinding

» Steen: Opaal

» Metaal: Titanium

» Mantra: Mee Ray An Nu I

De Witte Draken van Mu liggen net als de andere paren aan weerszijden van de aardbol en zijn verbonden via de hart- en baarmoederkanalen, die ze openhouden naar de oppervlakte van de aarde. De vrouwelijke Witte Draak strekt zich uit door de Midden- en Noord-Pacific, met haar baarmoeder onder de Ring of Fire op de Hawaiiaanse eilanden. De opening naar haar baarmoeder verbindt zich met ons op het aardoppervlak door de Kilauea. Dit is de vulkanische krater op het grote eiland van Hawaï. De mannelijke Witte Draak ligt opgekruld in Noord-Europa en zijn hartkanaal komt aan de fysieke oppervlakte in de zuidwestelijke regio van St. Petersburg, Rusland.

Net als de Zwarte Draak kan de Witte Draak zijn uiterlijk veranderen. Met name voor degenen die een relatie hebben met hun tweelingziel, kan de vorm die van een tweekoppige draak aannemen; een spiegel van perfecte samensmelting en balans, met behoud van individualiteit. Het is een weergave van onze eenheid, terwijl onze individualiteit behouden blijft. Deze twee hoofden kijken elkaar aan met diepe liefde in hun ogen en creëren een beeld van een hart, zoals zwanen dat doen, waarbij ze met hun adem een vuurlemniscaat creëren.

Om met de Witte Draak te werken, moet je comfortabel zitten, met je rug recht en een minuut lang rustig ademhalen, terwijl je je aandacht naar binnen richt. Net als bij het werken met de Zwarte Draak is het nuttig om eerst met de Elementaire Draken te werken, zodat deze paden in het lichaam worden geopend. Volg hiervoor de richtlijnen in dat gedeelte.

Begin dan langzaam, terwijl je uitademt, de mantra te zingen. Creëer een cirkelvormig patroon met je ademhaling: adem uit en van je af en naar beneden. Zo vorm je de onderste helft van een cirkel. Adem vervolgens in vanaf de andere kant van de cirkel omhoog en terug naar een punt direct voor de mond. Houd de mantra enkele minuten vol totdat je voelt dat een energiestroom langzaam door de kruin van je hoofd naar je ruggengraat begint te dalen.

Dit zal een dunne spiraalvormige kolom van wit licht zijn, die met de klok mee helemaal langs de wervelkolom naar beneden loopt. Blijf zo lang mogelijk bij de adem en de mantra. Als het te moeilijk wordt om de cirkelvormige ademhaling vol te houden, ga dan gewoon door met de mantra in stilte en concentreer je op de spiraal van licht die het lichaam binnenkomt.

Op een gegeven moment zul je het juiste moment voelen om te stoppen met het verbaal chanten van de mantra. Je blijft de spiraal dan vanzelf voelen. Blijf de mantra innerlijk chanten en voel de spiraal uitzetten totdat deze je hele lichaam omvat. Ga op dat moment gewoon zitten en blijf rustig in die ruimte zo lang als je kunt.

Je hebt nu een diepe verbinding met je DNA-structuur, je oude afkomst en alle kennis die hier voor je wordt bewaard. Het is ook een diepe connectie met Melchizedek en de kracht van de zon. Je zou je diep geaard en geactiveerd moeten voelen, in elke cel van je lichaam. Dit kan extreem licht in het hoofd voelen, je systeem moet zich hieraan aanpassen. Door regelmatig met deze energie te werken, wordt deze sneller geïntegreerd.

Als je in deze ruimte zit, voel je misschien gewoon een opgetogenheid over het leven en een prachtige verbinding met alle wezens. Je kunt ook ervaren dat dromen of gedachten in je opkomen van dingen die je ziel verlangt te creëren, sommige mogelijk uit de kindertijd. Misschien ervaar je zelfs enkele collectieve dromen van de mensheid.

Misschien was je vergeten dat al deze dromen mogelijk zijn; dat jij inderdaad de creatieve kracht hebt om ze te verwezenlijken. Voel hoe stralen van hoop in je poriën naar binnen sijpelen vanuit de spiraal van Licht die om je heen draait. Voel de geheugenis binnen-komen dat ALLES mogelijk is, dat je op het punt staat jouw volle herinnering aan alle hulpmiddelen en hoe ze te gebruiken opnieuw te verkrijgen. Voel alle paden van de Elementale Draken tintelen van het leven, terwijl ze toegang krijgen tot de lichtcoderingen die om je heen draaien.

Blijf zo lang mogelijk in deze staat van zijn en als je er klaar voor bent, breng je je aandacht langzaam terug naar het lichaam en je fysieke omgeving. Je voelt je wellicht de hele dag extreem geaard en tegelijk duizelig, of bruisend van leven. Dit is eigenlijk onze nor-male staat van zijn, die we waren vergeten.

Het zal nuttig zijn om meerdere keren met de Witte Draak te werken, totdat deze toestand vrij normaal aanvoelt. Daarna kunnen de Zwart en Witte Draken worden samengevoegd.

DE ZWARTE EN WITTE DRAKEN SAMENVOEGEN

Het is belangrijk om te werken met de individuele Zwarte en Witte Draken, totdat je lichaam zich op een comfortabel niveau tot hun energieën kan verhouden. Er kunnen namelijk veel energieën loskomen. Als je je er fysiek, mentaal, emotioneel en spiritueel klaar voor voelt, dan kun je met hen samen werken.

Het belang van de samenvoeging van de Zwarte en Witte Draken is groot. Deze samenvoeging creëert de doorgang voor de toegang tot de Kristal Draak-energieën. Deze Kristal Draken vormen onze verbinding tussen de Elementalen (deze staan voor het menselijk lichaam) en de Interdimensionalen (deze staan voor het Lichtlichaam). Wanneer de driehoek voltooid is, door ons werk met de Interdimensionale Draken, hebben we de capaciteit om het Lichtlichaam volledig in het fysieke vlak te verankeren . Ieder van ons die deze staat bereikt, helpt ook Gaia om haar Lichtlichaam volledig te verankeren voor de evolutie van de hele planeet naar hogere dimensionale niveaus.

Om de Zwarte en Witte Draken samen te voegen, begin je met het aarden en verbinden met elk van de Elementaire Draken (die allemaal al afzonderlijk moeten zijn voltooid voordat je met de Zwarte of Witte Draken gaat werken). Ga comfortabel zitten en begin achtereenvolgens elk van de Elementaire mantra's te chanten:

- » Aarde: Mee Tu Am Na Hay Rua
- » Lucht: Mee Ru Ah Tu Nay Ah Oh
- » Vuur: Bah Tu Haa   Beesh Tow Hay
- » Water: Mee Ray An Nu Ah Tu I

Herhaal ze vervolgens elk twee keer; vervolgens elk drie keer elk; en dan vier keer elk. Dit activeert en ontbrandt diverse delen van je lichaam: de voor- en achterkant van je romp, je wervelkolom, je lagere chakra's onder en bovenin de buik en je hart en je hoge hart.

Dan zing je de spiraal van wit licht langs je rug, met de Witte Draak:

- » Mee Ray An Nu I

Wanneer je voelt dat dit langs je ruggengraat loopt, voeg je de Zwarte Draak toe, totdat je voelt dat de zwarte lichtspiraal binnenkomt en rond de witte lichtspiraal draait:

- » Bee Shto MI Tu

Begin nu samen de Witte en Zwarte Draak-mantra's te chanten:
- » Mee Ray An Nu I   Bee Shto MI Tu

Voel hoe de spiralen samen uitzetten, totdat ze je hele fysieke lichaam omvatten. Werk hier meerdere keren mee om het gemakkelijk te bereiken, voordat je toegang krijgt tot de Kristal Draak, dat is de volgende stap. Op dit punt chant je de Kristal Draak-mantra en breng je de kristallen kolom naar beneden door de buis van zwartwitte spiralen, waardoor je jezelf opent voor volledige verbinding en activering van het DNA en het Lichtlichaam. Lees eerst het stuk van de Kristal Draak, voordat je deze hier toevoegt.

DE KRISTAL DRAAK

- » Verbonden met Aartsengel Metatron
- » Werkt met: heilige geometrie, interdimensionale leylijnen, DNA, het vormloze in vorm brengen
- » Steen: Diamant
- » Metaal: Adamantine
- » Mantra: Mee How Tay NI Mee Ra Tu Ha

De Kristal Draak vormt de kern van de planeet met een hart van vuur, onze verbinding (en die van Gaia) met de heilige geometrie van Metatron, de volledige toegang tot ons DNA en manifestatie van alles in fysieke vorm. De leylijnen die toegang geven tot alle andere aspecten van de interdimensionale rijken, gaan door de Kristal Draak heen.

Het is belangrijk om pas met de Kristal Draak te werken NADAT je het werk met de Elementalen, de Zwarte en Witte Draak hebt afgerond en je deze volledig beheerst. De Elementale Draken openen de fysieke paden in het lichaam om de hogere energieën te kunnen ontvangen, het samengaan van de Zwarte en Witte Draken voegt het centrale kanaal van de wervelkolom toe om de binnenkomende kristallijne structuren te kunnen ontvangen. Met het toevoegen van de adem en mantra van de Kristal Draak aan de samengevoegde spiralen van de Zwarte en Witte Draken, ontstaat een zuil met vloeibare kristallen voor je hele lichaam.

Deze zuil loopt vanaf de Kristal Draak in de kern van de planeet, door het lichaam, naar de Poort van An, de centrale ster in de Gordel van Orion. Via deze poort komen de energieën van de grote centrale zon bij ons binnen. Degenen die verbonden waren met sterrenstelsels zoals bijvoorbeeld de Pleiaden en Sirius A of B, begonnen hun reizen naar het aardvlak aanvankelijk via deze poort. Zij verbonden zich op deze wijze ook om de hogere dimensionale energieën naar dit gebied te brengen om eenheidsbewustzijn te verankeren in deze dimensie. Dit is de taak van ons allemaal. Daarom zijn we hier.

Voor degenen die bekend zijn met de tetraëder merkaba (8-zijdig: twee 4-zijdige piramides van basis tot basis) dat ons voertuig is voor interdimensionale reizen: je kunt de Zwarte en Witte Draken aan beide uiteinden aan de toppen visualiseren. De vier punten van de piramide-bases worden op hun plaats gehouden door de vier Elementale Draken. Wanneer de kristallen kolom hier doorheen loopt van top tot top, worden dit de ankerpunten om het Lichtlichaam op zijn plaats te houden in het fysieke vlak.

Om de Kristallen Draak op te roepen, gebruik je de ademhalings- en mantrareeks die eerder werd beschreven in de sectie Samenvoegen van de Zwart-witte Draken. Wanneer je voelt dat de spiralen je hele fysieke lichaam omvatten, blijf dan een paar ademhalingen in deze toestand. Begin dan met het zingen van de mantra van de Kristallen Draak. Je kunt de cd-track van de Crystal Dragon-mantra op repeat zetten, zodat deze op de achtergrond doorgaat en de energiestroom in de kristallen kolom voortzet zodra je de ademhalingstechniek loslaat en in deze staat kunt blijven.

Je ziet een grote kolom vloeibaar kristal naar beneden komen in het midden van de kolom, gecreëerd door de zwart-witte spiralen. Dit activeert de kristallijne matrixstructuur in je cellen en voelt als iets dat je nog nooit eerder hebt ervaren. Elke poging om het onder woorden te brengen is zinloos. Het zal ook voor iedereen anders zijn, omdat onze referentiekaders verschillen. En hoe kan men de afdaling en verbinding van het Lichtlichaam naar het fysieke vlak beschrijven? Of de herverbinding van etherisch DNA met de fysieke strengen in je lichaam?

Blijf in deze staat en voel het stromen, terwijl elk van de punten binnen de kanalen die door elk van de Elementale Draken binnen het fysieke lichaam worden geopend, verbinding maakt met exact hetzelfde punt binnen het Lichtlichaam. Het voelt misschien alsof er achtereenvolgens een miljoen gloeilampen worden ingeschakeld. Probeer er zo lang mogelijk volledig bij te blijven. Je kunt een punt van totale uitputting bereiken, omdat deze herverbinding zo'n krachtige energie is om in te werken en tegelijkertijd moeilijk om te verlaten. Het is een vreugdevol en tegelijk vermoeiend proces.

Blijf in deze staat en voel het stromen, terwijl elk van de punten binnen de kanalen die door elk van de Elementale Draken binnen het fysieke lichaam worden geopend, verbinding maakt met exact hetzelfde punt binnen het Lichtlichaam. Het voelt misschien alsof er achtereenvolgens een miljoen gloeilampen worden ingeschakeld. Probeer er zo lang mogelijk volledig bij te blijven.

Je kunt een punt van totale uitputting bereiken, omdat deze herverbinding zo'n krachtige energie is om in te werken en tegelijkertijd moeilijk om te verlaten. Het is een vreugdevol en tegelijk vermoeiend proces. Het is echter belangrijk om de focus terug te brengen naar het fysieke lichaam en de ruimte waarin je je bevindt. De aandacht was weliswaar op het fysieke lichaam gericht, maar niet op een manier die je in staat stelde om normaal te functioneren. Dit komt vanzelf, bij het verder werken met de Kristal Draak. Elke sessie zal je Lichtlichaam vollediger verbinden; daadwerkelijke verankering zal pas komen tijdens het werken met de Interdimensionale Draken.

Elke keer dat je met de Kristal Draak werkt, zal het een krachtige ervaring zijn en het zal meestal enkele transmissiedownloads van je bronenergie, meesters, gidsen enzovoort met zich meebrengen. Hoe meer je hiermee en met de verbindingen met het lichtlichaam werkt, hoe meer je kan ontvangen. Wees voorbereid om de tijd te hebben om te gaan liggen of een dutje te doen om deze energieën te integreren. Zorg ervoor dat je veel water drinkt en een cirkel van beschermende energie om je heen houdt als je de in de uren erna openbare plaatsen betreedt. Je staat namelijk open en dan wil je geen energie opnemen die niet bij je hoort.

Geef jezelf voldoende tijd tussen sessies met de Kristal Draak om alle downloads en herverbindingen te integreren. Het is het beste om eerst een zeer comfortabel niveau te bereiken, voordat je met de Interdimensionale Draken van Goud, Zilver en Koper gaat werken.

WERKEN MET MEERDERE DRAKEN TEGELIJK

Je kunt diepgang creëren door met meerdere draken tegelijk te werken en ze te combineren. Het is belangrijk om eerst het werk met elk van de individuele draken te voltooien. Eindig op zijn minst met het werken met de draken binnen een van de rasterlagen, voordat je een combinatie maakt van draken vanuit verschillende lagen. Je kunt bijvoorbeeld met paren Elementale Draken werken als je met elk van de vier afzonderlijk hebt gewerkt, voordat je met een van de Intergalactische Draken gaat werken.

BALANCEREN VAN WATER/ VUUR, AARDE/LUCHT

Gebruikelijk wanneer alle elementalen aanwezig zijn voor een ritueel, dans, ceremonie enzovoort, zijn ze er gewoonlijk in perfect uitgebalanceerde tegenhanger-paren. De vrouwelijke Water Draak balanceert met de mannelijke Vuur Draak, terwijl de vrouwelijke Lucht Draak balanceert met de mannelijke Aarde Draak. Je merkt misschien dat dit meerdere balanslagen creëert, inclusief het niet zo voor de hand liggende aspect van gevleugelde en slangachtige drakenparen. Het creëert opwaartse of neerwaartse spiralen met een te hoge snelheid, vergelijkbaar met aanwakkerende vlammen of overstromende landen in beide richtingen, als je wilt dat de gevleugelde draken of de slangendraken samenwerken.

Dit is een handige weergave om te volgen als je danst met alle vier de Elementale Draken of ze gebruikt als bewakers om de heilige ruimte vast te houden. Twee mannen en twee vrouwen kunnen de draken in het fysieke vlak vertegenwoordigen en elke individuele Elementale Draak er doorheen roepen door de individuele mantra's te gebruiken. Als je dit gebruikt, laat je de paren tegenover elkaar staan in plaats van naast elkaar, elk op een hoek van het vierkant. Om het echt naar een ander niveau te tillen, stel je ze voor als de basishoeken van de tetraëder merkaba. Roep de Zwarte en Witte Draken op om de toppen vast te houden. Dit is een krachtig geometrisch veld om in te werken; neem dit niet lichtvaardig op en wees bereid om buiten de kaart (van wat je weet/kent/begrijpt) te gaan met het werk dat je doet.

Met deze twee paren kan ook individueel worden gewerkt door hun individuele mantra's te combineren en de reeks herhaaldelijk te chanten. Om bijvoorbeeld met Vuur en Water samen te werken, kan de gecombineerde mantra: Bah Tu Haa Beesh Tau Hay, Mee Ray An Nu Ah Tu I worden gebruikt, met het ademhalingspatroon en de handposities zoals beschreven in hun individuele hoofdstukken. Hetzelfde kan worden gedaan met de Aarde en Lucht combinatie. Er staat ook een track op de cd met alle vier de drakenmantra's, die kan worden gebruikt voor individueel of groepsmeditatiewerk.

KRISTAL EN VUUR DRAKEN –
BEESH TAU HAY MEE RA TU HA

De Kristal Draak heeft een hart van vuur waaruit zijn adem voortkomt, dus de Kristal Draak en Vuur Draken komen van nature al op een krachtige manier samen. Samenwerken met de twee is een van de manieren om het kristallijne aspect van de Baarmoeder/Hara Draak te activeren en vastzittende energieën in de onderste drie chakra's te verwijderen. Naarmate we evolueren, zullen deze drie feitelijk samensmelten tot één chakra voor de onderste helft van het lichaam en dit werk creëert het begin van de evolutie naar dat doel.

Om met deze twee samen te werken, zit je comfortabel met de rug recht en begin je gewoon te ademen en verbinding te maken met de draak in jou. Voel hoe de adem diep, zwaar, primordiaal wordt... en als je klaar bent om te chanten: Beesh Tau Hay Mee Ra Tu Ha (de R van Ra wordt gerold zoals op de CD Track van de Kristal Draak die je al hebt gehoord). Je zult voelen dat je bekkenbodem warm en zwaar wordt alsof het in de kern van de aarde zinkt. Ga door met zingen. Vervolgens zul je een vortex ervaren die begint te draaien vanuit je wortelchakra naar binnen, naar de buikorganen: de baarmoeder/hara-ruimte, de darmen, maag, nieren. De vurige adem van de Kristal Draak komt binnen. Visualiseer dat deze vortex groeit en zich uitbreidt, om uiteindelijk het hele lagere chakrasysteem in je lichaam te omvatten totdat het je diafragma bereikt.

Deze draaikolk kan je misselijk of ongemakkelijk maken; blijf er zo lang mogelijk bij aanwezig en ga door met het zingen van de mantra. De Kristal Draak schenkt je deze adem rechtstreeks vanuit Zijn/ Haar Hart van Vuur, vernietigend en oplossend met de grootste Liefde. Deze energie ruimt vele lagen van oud, vastzittend vuil in de organen op en zal een snelle verschuiving vergemakkelijken als je deze positie vol kunt houden. Op een gegeven moment kun je energiespiralen voelen die zich uitbreiden vanaf de basis van de vortex; dit is het openen van het Kristallijne Drakencircuit in je lichaam en het begin van de baarmoeder/hara-spiralen die tot leven komen.

Als je voelt dat de sessie klaar is, stop dan met chanten en blijf gewoon zo lang mogelijk in deze ruimte zitten, of strek je uit en ga liggen om de ervaring te integreren. Probeer niet te vroeg op te staan of stel het werken hiermee uit als je haast hebt of nog veel dingen moet doen. Dit is een zeer krachtige oefening die het nodige respect verdient en waarvoor je genoeg tijd nodig hebt om je erop te focussen. Het brengt alles naar voren wat in het onderste deel van het lichaam vastzat, mogelijk is dit moeilijk voor je om te ontdekken of opnieuw te beleven. Laat ze gewoon loskomen zonder emotie of oordeel, ter ere van de rol die ze speelden tijdens je reis of eerdere reizen. Het is niet nodig om ze met je hoofd te begrijpen.

Raak niet gefrustreerd als je maar een paar minuten met de Kristal en Vuur Draken kunt werken. Blijf met ze werken, totdat je de volledige beschreven ervaring bereikt, maar wees zacht voor jezelf.

ZILVER EN WATER DRAKEN – EEN LIED VAN HELENDE HARTAANWEZIGHEID

Loen ik in Glastonbury, Engeland was en aan het zwembad van King Arthur's Court op het Chalice Well-terrein zat, had ik een prachtige herinnering. Rustig zittend, genietend van de stilte van een mooie, heldere herfstdag, kwam er een gezang dat me terugbracht in mijn priesteresgewaden in Avalon. Ik merkte dat ik bij het zwembad zat en communiceerde met Maria Magdalena en de Zilver Draak, die Ee RiaNNa Hum Na Ay keer op keer zongen. Het nummer ging een eigen leven leiden met een over het algemeen consistente melodie, maar met een vrijheid in octaafveranderingen en geheel eigen harmonieën. Ik voelde een prachtige hartaanwezigheid en genezing doorkomen, als de zachte Rivier van Genade die zowel de Zilver Draak als Maria Magdalena/Lady Nada (geassocieerd met de Water Draak) meedroegen.

Later op diezelfde dag maakte ik een wandeling om de oude eiken Gog en Magog te bezoeken, die op het Drakenpad net ten oosten van de Tor richting Avebury staan. Terwijl ik met hen communiceerde, voelde ik dat Magog me uitnodigde om, als het jonge kind dat ik ooit was, weer in haar takken te klimmen en daar vastgehouden te worden. En opnieuw, terwijl ik in haar omhelzing zat, voelde ik dit lied opkomen en kon ik mezelf er niet van weerhouden het voor haar te zingen en met haar. Ik realiseerde me toen wat een geschenk dit was.

Dit is een prachtige mantra om vanuit je hart te zingen voor alle natuurwezens. Het brengt niet alleen genezing voor jou, maar ook voor de hele natuur. Je zult voelen dat het je diep verbindt met de natuurwezens waar je de mantra voor zingt en je zult voelen dat hun hart zich met het jouwe verenigt om het te vieren. Ze verlangen ernaar om weer contact met ons te maken en deze planeet te helen.

Sommige van deze wezens slapen al heel lang en dit zingen kan hen wakker maken. Het zal ook de diepe plekken in je hart wakker maken, die al lang slapen en die bang zijn voor deze liefde.

DANS EN SEKSUALITEIT – EEN BELANGRIJK ONDERDEEL VAN DRAKENWERK

Een van de weinige stukken die ik niet in elke sectie van het werk met bepaalde draken heb opgenomen, zijn hun bewegingen. Dit komt omdat dit zo'n organisch en geïndividualiseerd stuk is. Lichaamsbeweging en dans met elk van de draken kan een diep verbindingsmechanisme zijn om de energie echt dieper in de cellen van het lichaam te brengen. Voor degenen die hun werk in beweging willen uitbreiden, raad ik aan om met elke draak eerst een ronde te werken in een zittende meditatiehouding om duidelijk verbinding te maken met de energie en het deel van je lichaam waar het het eerst in stroomt. Ook omdat sommige stadia van het werk de eerste paar keer misselijkheid of duizeligheid kunnen veroorzaken.

Als je je eenmaal op je gemak voelt bij een bepaalde draak en beweging wilt toevoegen, begin dan vanuit staande positie of kniel op handen en voeten en reciteer de adem en mantra, zoals eerder. Laat je lichaam deze keer zijn eigen weg volgen om in beweging te komen met de energie die door je heen stroomt. Dit kan elke keer dat je er mee werkt anders zijn of er kan een specifieke dans worden gemaakt die voor jou werkt. Moedig voor groepen dezelfde organische, individuele stroom aan voor het aanleren van specifieke bewegingen en laat de hele groep één bepaalde draak dansen, zodat er niet te veel chaos ontstaat met het vermengen van de energieën.

Je zult ook spontaan stijgende kundalini en een stroom van seksuele energie ervaren tijdens het werken met de draken. Dit is vooral krachtig wanneer je jouw energie combineert met de energie van een andere draak tijdens het vrijen. Vooral als je een DragonHeart of DragonKeeper bent, in combinatie met je tegenhanger (bijvoorbeeld een Lucht DragonKeeper en Lucht DragonHeart). Het zal vaak spontane tantrische energiestromen door het lichaam veroorzaken, wat resulteert in een volledig lichaamsorgasme of individuele chakra-orgasmes, afhankelijk van welke draken aanwezig zijn.

Wat je ervaring ook is, weet dat het goddelijk is en dat het jou beweegt om op cellulair niveau meer van je lichaam los te laten, waardoor de paden in je lichaam en de cellulaire structuren beter kunnen worden geopend om het kristallijne netwerk van je Lichtlichaam te verankeren.

De Interdimensionale
DRAKEN VAN ORION

DE GALACTISCHE BAARMOEDER

De Goud, Zilver en Koper Draken zijn de Interdimensionale Draken van Orion. Ze vormen onze verbinding naar de oude interdimensionale afstammingslijnen die direct verbonden zijn met de aarde en haar evolutie, in het bijzonder de Raden van de Elohim. Zij brengen informatie van alle sterrenstelsels binnen het Grotere Centrale Zonnestelsel naar ons toe en helpen ons onze grotere verbinding te herinneren met Al Dat Is. Ze geleiden deze energieën en informatie naar ons via de zonne-leylijnen, die afkomstig zijn van de Grotere Centrale Zon.

Er zijn belichamers (DragonKeepers) van deze Interdimensionale Draken op aarde, die ook van de Elohim afstammen en verbinding hebben met specifieke sterren in het Orion-systeem. Deze draken lopen echter vooral op met personen die heel duidelijk zijn in hun bedoelingen en integriteit, ook wanneer zij geen Drakenhoeders zijn. Dit komt omdat deze draken op plaatsen komen die grote verschuivingen ondergaan, om daar aanwezig te zijn en wanneer er geen of te weinig bewuste DragonKeepers zijn, zullen ze aan de zijde staan van elk wezen dat deze energie kan dragen.

Dit betekent dat er op de energetisch meest verdichte plekken of de meest onbewuste plekken op deze planeet (zoals overheidsorganisaties, bedrijfsstructuren, plaatsen waar religies domineren en beheersen) op deze manier regelmatig energieën die plekken binnen komen via een bewust wezen, dat daarlangs komt of aan het werk is en zo een subtiele verandering creëert. Onopvallend, maar krachtig.

De Interdimensionale Draken zijn volledig samengevoegde androgyne wezens (mannelijk en vrouwelijk in balans), dus als je met hen werkt, kun je zowel mannelijke als vrouwelijke aanwezigheid en toch tegelijkertijd altijd één Draak tegelijk ervaren. Het zijn enorme, krachtige wezens en tegelijk zacht en stralend met de frequentie van liefde. Simpelweg door in hun aanwezigheid te zijn, ervaar je de ware betekenis van pure integriteit, balans, helderheid en liefde. Voor het gemak verwijs ik naar ze met Hij of Zij, afhankelijk van hoe de informatie aan mij werd gepresenteerd en welk aspect van de Draak meer aanwezig was in het delen van deze informatie. Houd in gedachten dat ze echt beide zijn.

Het is ook belangrijk om je ervan bewust te zijn dat, hoewel je waarschijnlijk op elk moment toegang hebt tot de basisniveaus van verbinding, het je het meest opbrengt om eerst met de Elementale Draken te werken. Voeg vervolgens het werk met de Zwarte, Witte en Kristal Draken toe aan die basis. Als je dan daarna het werk met de Interdimensionale Draken toevoegt, zal de verbinding het krachtigst en het diepst zijn. Het zal leiden tot de meeste zuivering, transformatie, activering en verankering van het Lichtlichaam.

Je kunt in elke volgorde met ze werken, hoewel het werken met eerst Goud, dan Zilver en vervolgens Koper de meest natuurlijke ontwikkeling is voor de energieën die ze met zich meebrengen. Terwijl je met hen werkt, zul je ontdekken dat ze je niet verder zullen brengen dan de niveaus waar je klaar voor bent. Dit is vooral van toepassing op het werk van de Koper Draak, die je escorte zal zijn naar de Hallen van Kennis. Er zijn toegangsniveaus die je niveau van initiatie op een natuurlijke manier bepalen. Zoals met alle draken, is het helpend om naar een afbeelding van hun symbool te kijken (dit kan ook via je voorstellingsvermogen), of de bijbehorende steen of het metaal vast te houden, wanneer je met hun energie werkt, om de energie binnen te laten komen en te versterken.

DE GOUD DRAAK

> » Verbonden met RA (Mintaka) – de rechter ster in de Gordel van Orion

> » Functie: Bescherming en Kracht

> » Steen/Metaal: Ruw Gouderts

> » Mantra: Mee   Raa

De Goud Draak staat bekend als ZhiRA en komt voort uit het sterrenstelsel Ra. Wanneer je werkt met de Goud Draak, begeef je je naar het binnenste van de interdimensionale gebieden van bescherming. De Goud Draak is er om ons te beschermen en ook om ons nieuwe technieken te leren,met betrekking tot hoe we onszelf en anderen kunnen genezen.

De vrouwelijke kant van de Goud Draak is als een grote, gastvrije moederfiguur - met haar armen open, tegelijkertijd haar kind stimulerend om zelfstandig te groeien en te lopen. Als waakzame wegwijzer en gids laat zij de creativiteit en innerlijke wijsheid van het kind ontluiken.

Het mannelijke aspect van de Goud Draak is meer de echte bewaker, als een krijger bij de poort en kan worden ingeschakeld voor bescherming bij werkzaamheden waarbij volkomen kwetsbaarheid en een diepe opening naar de kern van je wezen nodig is. ZhiRa is vooral handig om in te schakelen bij het werken met de Zwarte of Vuur Draken, wanneer je voelt dat je donkere of schaduwgebieden binnengaat.

De Goud Draak-ademhaling is een van zijn hulpmiddelen om je diep met hem te verbinden en de plaats van verademing te vinden. Bij gebruik van de Goud Draak-ademhaling wordt je lichaam meer ontspannen en helderder bij elke ademronde.

De Goud Draak-ademhaling doe je door je handen aan weerszijden van je hoofd te houden, ongeveer op oor niveau, met een lichte kromming in de bovenrug zodat de handen in lijn zijn met de schouders. Druk je duim van elke hand in de heuvel op de basis van de pink en sluit je vier vingers over de duim. Klem de tanden op elkaar, strek de lippen uit elkaar en adem diep in en uit de buik. Adem 10 keer in en uit en concentreer je alleen op de ademhaling. Met de volgende 10 ronden voeg je de mantra toe, door de Mee te klinken (blijf ondertussen je tanden klemmen, dit kan zonder geluid zijn) bij het inademen en de Raa hoorbaar bij het uitademen. Doe dit zo lang als goed voor je voelt, streef naar ten minste tien minuten ononderbroken ademen.

Je voelt ZhiRa voor je neerdalen en staan; op dit punt herken je misschien het symbool op de buik. Ga door met ademen in deze geweldige drakenaanwezigheid, blijf ademen en laat de mantra klinken, totdat je voelt dat je in de buik van de Goud Draak getrokken wordt; op dit punt zul je in staat zijn om naar beneden te kijken, alsof je door ZhiRa's ogen kijkt en het symbool (van de ketting van diamanten) op je eigen buik ziet.

Ontspan dan en mediteer in deze cocon van goud. Tijdens deze gelukzalige staat wordt je eigen gouden auraveld opgeladen. Er zullen gouden banden van energie naar boven en beneden circuleren in je veld, totdat je je klaar voelt om terug te keren naar het aardse vlak. Schrijf je ervaringen op, omdat het werken met de Interdimensionale Draken zich bij elke sessie leent voor verschillende niveaus van ervaring en bewustzijn.

Naarmate je diepere werkniveaus met de Goud Draak bereikt, zul je sneller deze staat van zijn betreden, waarbij je het gevoel hebt volledig omhuld te zijn door gouden licht en je de pulserende gouden lichtbanden kunt voelen die gelijktijdig over het hele veld op en neer gaan. In deze staat kun je mediteren, maar je kunt ook doorgaan met het chanten van de mantra (je handen blijven in de vuistpositie, je brengt ze meer naar beneden in de diepe ontspanning).

Dit zal de energieën van de Goud Draak blijven oproepen naar steeds diepere niveaus. Hier zul je ook beginnen te ervaren dat de ankerpunten worden verbonden om het Lichtlichaam volledig op het fysieke vlak te houden. Diepere niveaus hiervan kunnen worden bereikt door met Goud en Zilver Draken tegelijk te werken, maar werk eerst met hen elk afzonderlijk op diep niveau.

Om met hen samen te werken, begin je met het oproepen van de Goud Draak totdat je het vertrouwde omhulsel van gouden licht voelt en de pulserende banden die over je heen bewegen. Voeg dan de Zilver Draak mantra als volgt toe: Mee RaaHuu Eee. Zorg ervoor dat je de gezichtshoudingen samen met de adem blijft gebruiken - je kaken worden geklemd voor Mee Raa, je tong naar binnen gerold op de Huu, dan ontspannen en vervolgens span/knijp je je keel voor de vrijlating van Eee.

Je zult de rivier van zilver licht je hart voelen binnenkomen, zodat deze de kern van het gouden veld vult. Blijf klinken en blijf zo lang als je kunt op deze plek. Dit zet de verankering voort, alsmede de verbinding van de etherische DNA-strengen (die sluimerend in het Lichtlichaam liggen) met de fysieke DNA-strengen (die actief zijn in het lichaam). Deze oefening kun je zo vaak doen als voor jou goed voelt. Hoe vaker, hoe gemakkelijker het wordt om ten allen tijde verbonden te blijven met het Lichtlichaam.

Vanaf dit punt kun je ook de Koper Draak aanroepen, deze brengt je naar je eigen boek in de Hallen van Kennis (je Akasha-kroniek). Het ligt recht voor je neus. Het is aan jou om het openen en hierin zo je eigen ontdekkingen te doen. De prachtige omslag die je voor je boek hebt gemaakt kan je als een krachtig hulpmiddel met je mee terug nemen, door het te tekenen, te construeren, te schilderen of welke fysieke vorm dan ook goed voor je voelt... of helemaal geen; de visualisatie ervan kan ook genoeg zijn. Voor sommigen kan het een krachtige toevoeging worden aan een reeds heilige altaar ruimte.

DE ZILVER DRAAK

» Verbonden met AN (Alnilam) – de centrale ster in de Gordel van Orion

» Functie: Vrede

» Steen/Metaal: Ruw Vloeibaar Zilver

» Mantra: Huu Eee

De Zilver Draak, bekend als RiaNNa, bereikt ons via de centrale ster van An in de gordel van Orion. Zij is de brenger van ware vrede in het rijk van het Hart. Werken met haar reinigt het hart en de longen van verdriet en oude emotionele verwondingen die daar vast zitten. Het bloed dat door deze twee organen circuleert, wordt op een nieuwe manier gezuiverd, geklaard en van zuurstof voorzien. Het hart komt vrij, om volledig te worden geopend en gecentreerd, door middel van intentie. Terwijl je ademt met de Zilver Draak, voel je tijdens de inademing de adem recht je hart in gaan en het wordt gevuld met het vloeibare zilver van het energieveld van de Draak.

Om met de Zilver Draak te werken, moeten de handen zachtjes in elkaar liggen, de handpalmen omhoog, in je schoot, waarbij de duimen elkaar net raken om de gecreëerde energielus te sluiten. Meestal zullen vrouwen de linkerhand in de rechter laten rusten en mannen tegenovergesteld. Begin je vervolgens te concentreren op de ademhaling. Krul de tong aan de zijkanten omhoog in de richting van de middellijn, rol hem zo goed mogelijk op en adem dan in door de gecreëerde buis. Laat dan de tong los en adem uit vanaf de achterkant van de keel, waarbij je de achterkant van je tong zo goed mogelijk tegen je keel drukt, zodat de lucht langzaam kan ontsnappen. Bij de volgende inademing, rol de tong opnieuw op, adem in, laat de tong los, vernauw de keel en adem uit enzovoort. Als je je comfortabel voelt met deze ademhaling, voeg dan de mantra toe.

Om de mantra toe te voegen, klinkt Huu op de inademing, door de buis gecreëerd door de tong en Eee op de uitademing, met de keel dichtgeknepen. Het zal je helpen om je een voorstelling te maken van de afbeelding van het symbool op de buik van de Draak of deze in werkelijkheid voor je te hebben. Werk hier minimaal 10 minuten mee, totdat je de daadwerkelijke aanwezigheid van de Zilver Draak voor je voelt en je het symbool ziet op de buik van de Draak zelf. Ga door totdat je in haar buik bent opgenomen en centreer jezelf vol vrede in je hart. Wanneer je in haar buik bent opgenomen, kijk je met je geestesoog naar je eigen buik en zie je het symbool daar omgekeerd, nu naar buiten gericht.

Laat je hart smelten en genezen. Neem bij elke sessie die dingen mee die je tegenhouden om ware liefde en verbinding te ervaren met Al Dat Is - alle andere wezens, zij het mensen, natuurgeesten of de aarde zelf. Houd ze in je hart, voel het verdriet, de woede, de verscheuring die zij veroorzaken en die in je opstijgt en adem het helende licht van de Zilver Draak in. Vraag haar om deze oude wonden voor je op te lossen, zodat je er voor altijd van vrij kunt zijn. Zij houden je in dualiteit en afgescheidenheid, terwijl je ziel verlangt terug te keren naar eenheid en zijn meest pure staat van zijn.

Deze wonden kunnen vanuit je eigen ervaring zijn of er kunnen andere opkomen, die genezen en transmuteren ten gunste van het massabewustzijn dat zo gewond is geraakt door eeuwen van machtsmisbruik: mannen over vrouwen, vrouwen over mannen… cyclus na cyclus van matriarchaat-patriarchaat. Het is nu tijd om alles in balans te brengen en de Zilver Draak helpt ons hierbij. Elke keer dat we met haar werken, ruimen we meer puin op in het collectieve lichaam. We eren haar door deze ontbinding toe te staan, omdat naarmate er meer oplost, er ook meer van haar Zilveren Licht kan worden verankerd in ons bewustzijn en in dat van Gaia voor de verankering van haar Lichtlichaam.

Er is nog een ervaring met RiaNNa, de Zilver Draak, beschreven in het gedeelte over werken met meerdere draken tegelijk. Hierbij wordt gewerkt met de Zilver en Water Draken samen. Ze zijn nauw met elkaar verbonden en je zult het diepste niveau van hun gecombineerde aanwezigheid ervaren om je hart te helen. Op een bepaalde manier heelt dit ook het collectief, maar in plaats van het menselijk collectief, neemt het je mee in het werken met de natuur-rijken.

DE KOPER DRAAK

> » Verbonden met EL (Alnitak) – de linker ster in de Gordel van Orion

> » Functie: Kracht van wijsheid

> » Steen/Metaal: Ruw Koper

> » Mantra: Huu Raa

De Koper Draak van El, bekend als Mazlo, komt naar ons met de kennis van de ouden, vooral die van de oude afstammingslijnen van El die vanaf het begin op de planeet waren, zodat wij de geschiedenis van de aarde beter kunnen begrijpen.

Om met de Koper Draak te werken, strek je je de wijs- en middelvingers van beide handen en zet je ze tegen elkaar. Buig de andere vingers en duim zacht naar binnen in de richting van de handpalmen, terwijl je een hoek van 90 graden vormt met de uitgestrekte vingers. In deze positie lijkt het op twee drakenklauwen die elkaar ontmoeten.

Begin met alleen de ademhaling, voordat je de mantra toevoegt. Ontspan de mond in een zachte O-vorm en begin luid in te ademen en uit te ademen, diep in de buik en laat de adem achterin de keel, bij het passeren, geluid maken. Mocht iemand je buiten de ruimte horen, dan zou het voor diegene moeten voelen alsof er een draak achter de deur zit die zich diep op iets concentreert. Doe dit ademgeluid een paar minuten en laat je in een diepe staat van ontspanning zakken.

Begin dan de mantra te gebruiken bij een uitademing en laat Huu diep achter in de keel klinken. Dit is een luide keel klank- en ademoefening, waarbij al het 'werk' achter in de keel wordt gedaan. Maak de klank Raa als je inademt, ook vanuit de achterkant van de keel. Ga hier minimaal tien minuten mee door. Het is helpend om een afbeelding van het symbool voor je te hebben terwijl je dit doet (of in je geestesoog).

Je zult op een gegeven moment de Koper Draak voor je voelen staan. Blijf ademen tot je als het ware in de buik van de draak wordt getrokken, waarna je in meditatie kunt gaan. Sta het downloaden toe van alle informatie die hij voor je heeft op deze specifieke reis met jou samen. De Koper Draak brengt grote kracht in wijsheid. Je bevindt je nu in de Kamers van Kennis en deze ervaring zal leiden tot de ontdekking van een ander soort kracht dan je gewend bent.

Elke keer dat je met de Koper Draak werkt, word je naar verschillende plaatsen binnen de Kamers van Kennis gebracht voor informatie waar je dan klaar voor bent. Sommige informatie kan op een onbewust niveau blijven of kan niet vertaald worden naar deze fysieke dimensie. Vertrouw erop dat deze informatie naar je cellen wordt gedownload en naar voren komt wanneer dat nodig is.

Het diepste niveau van werken met de Koper Draak bereik je door eerst te werken met alle drie de niveaus van de draken (Elementale, Intergalactische en Interdimensionale) en in deze volgorde op te bouwen. Dit wordt uitgelegd in het stuk over de Goud Draak.

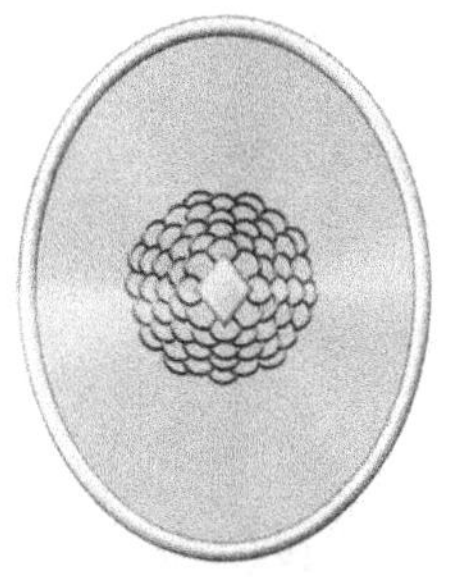 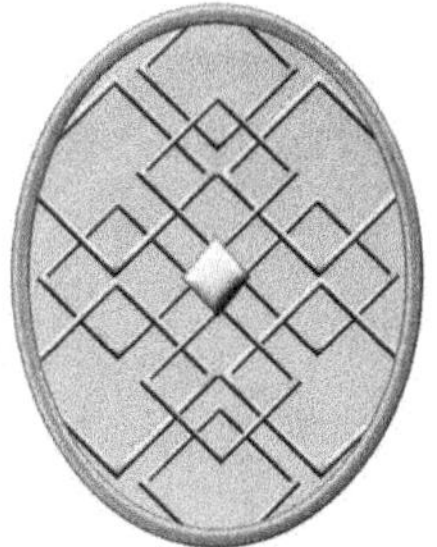 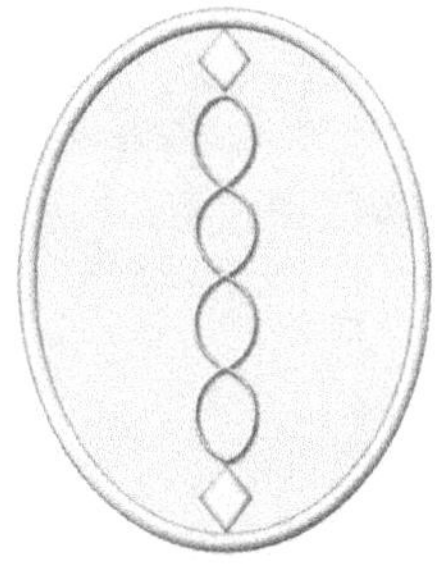

De Interdimensionale
DRAKEN VAN SIRIUS

DE GALACTISCHE GEEST

De energieën van de Sirische Draken zijn hogere octaven van de Draken van Orion en ze bereiken ons door de poorten van de drie sterren in de Gordel van Orion: El, An en Ra. Ze reizen in een perfecte lemniscaat, vanuit het Sirius-systeem via het centrale ontmoetingspunt in Orion naar de aarde en keren dan weer terug via deze lemniscaat door deze zelfde punten. Dit creëert een perfecte driehoek van lemniscaten tussen de draken afstammingslijn, die loopt tussen Sirius-Orion-Aarde. Als we een beroep op hen doen en ons met hen verbinden, zullen deze grotere Solar Galactische Leylijnen worden geactiveerd.

Door deze Galactische Leylijnen te activeren, kunnen we een groter deel van onze eigen kristallijne matrix activeren. Door het werk met de Zwarte, Witte en Kristallijne Draken en vervolgens met de Goud, Zilver en Koper Draken, zijn er voldoende paden in het lichaam geopend. Daarna kunnen onze kristallijne matrix verbindingspunten worden geactiveerd in het fysieke lichaam.

(Zie de uitbreiding van dit diagram op pagina 127)

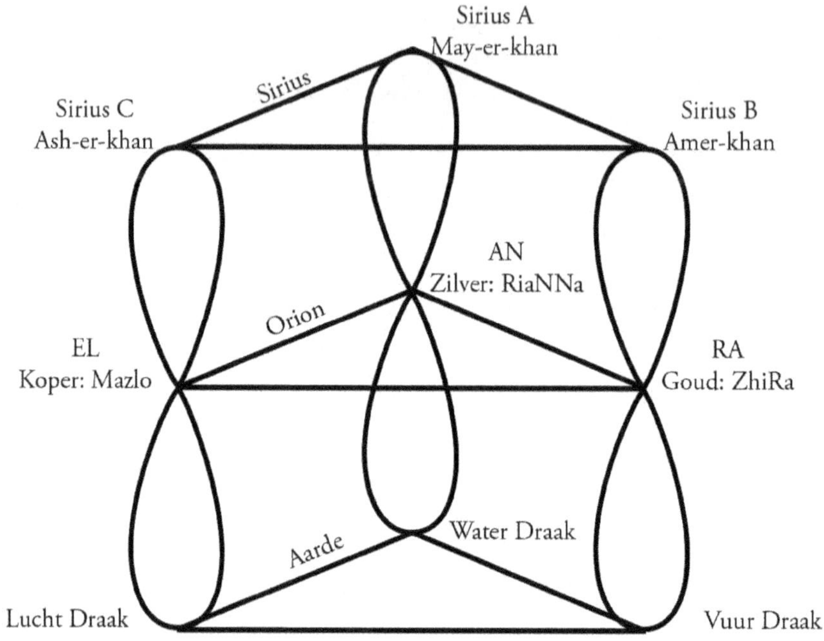

De Draken van Sirius brengen ons dan naar het volgende onderdeel, namelijk de opening van de paden van de kristallijne lichtgeometrieën in de kristallijnen matrix van het fysieke lichaam. Er zijn 11 niveaus van deze kristallijne lichtgeometrieën, zij staan allemaal in verbinding met de Elohim en worden door hen gereguleerd. Elk van deze 11 niveaus hebben 7 verschillende geometrieën die met hen verbonden zijn, wat resulteert in een totaal van 77 kristallijne geometrieën en coderingen die we kunnen openen en integreren. Deze kennis komt van Sirius omdat zij de bewakers zijn van de activering van het uurwerkmechanisme van de universele lichtgeometrieën. Zodra deze geometrieën en coderingen zijn geopend, kunnen deze worden geactiveerd door directe transmissie.

Zoals alle Interdimensionale Draken, zijn ook dit volledig androgyne wezens en worden zij aangeduid met hij of zij, afhankelijk van het (mannelijke dan wel vrouwelijke) aspect dat meer aanwezig is in de samenwerking. Wanneer je deze draken ervaart, kan het zijn dat je het gevoel hebt dat je in hun buik wordt getrokken, zoals bij de Draken van Orion. Het kan ook zijn dat je het gevoel hebt dat je doordrenkt raakt met het vloeibare metaal waar ze van zijn gemaakt. De ervaring is voor elke persoon verschillend.

DE SIRIUS A DRAAK: MAY-ER-KHAN

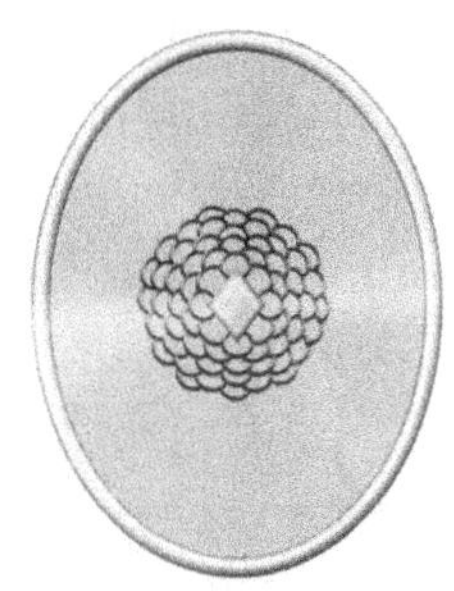

» Verbonden met: de vrouwelijke kant van de lemniscaat in ons circuit

» Functie: vrouwelijke energie balanceren

» Steen/Metaal: Vloeibaar titanium

» Mantra: Mai-er-khan Ong Ro (gezongen)

May-er-khan is de magnifieke aanwezigheid vanuit Sirius A in het Sirische Sterren Systeem. Uitgesproken: May zoals de 5e maand in het Engels, -er als air in het Engels, zoals de lucht die we inademen en khan zoals de titel van een Turkse of Mongoolse heerser. Ze komt precies zo binnen, als een krachtige adem van frisse lucht in de lente en met haar aanwezigheid alleen doet ze het residu van de lange winter van onze ziel in rook opgaan. Haar naam maakt deel uit van Haar mantra, welke deel is van Haar lied en onze verbinding met Haar genezende geschenken. Samen met Haar naam gaat de mantra verder, Ong klinkend met een lange, nasale O aan de achterkant van de keel die recht in een licht rollende Ro rolt.

Om haar aan te roepen, ga je eerst rustig zitten en concentreer je je op je ademhaling. Wanneer je je gecentreerd voelt, laat je Haar mooie naam zachtjes en steeds opnieuw klinken. Je voelt als vanzelf dat je een natuurlijk punt bereikt om de volledige mantra te laten klinken en het lied zal uit zichzelf in en om je heen gaan dansen. Op deze wijze zal Zij bijna onopvallend naar binnen glijden en recht voor je verschijnen, prachtig en immens. Wacht totdat je het symbool op Haar buik duidelijk ziet of voelt.

Als je in de buik van May-er-khan kijkt, kun je de matrix of het uitdijen van de vrouwelijke vorm zien, al bloeiend voortkomend uit het uurwerkmechanisme in het hart van dit universum. Ze heeft de ontbrekende schakel, de geluids- en lichtcodes, om het volledige circuit van de baarmoeder - het goddelijke vrouwelijke principe - te activeren in ons fysiek wezen (voor mannen en vrouwen). Pas wanneer dit stuk is geschoond en geactiveerd, kunnen we de Goddelijke eenheid in onszelf of met een partner ervaren. Zij vormt op die manier de ultieme laag en tevens het hoogtepunt van het werk met de andere Draken van Haar afstammingslijn: de Water, Kristal en Zilver Draken. In deze lijn heeft elk een hoger octaaf ten opzichte van de vorige. In wezen is May-er Khan het hoogste octaaf van de Water Draak-lijn.

Blijf ademen en de mantra herhalen, totdat je je aangetrokken voelt tot May-er-khan's buik. Je kunt een licht gevoel hebben dat je glijdt en dan beseffen dat je in Haar bent. Welke ervaring je ook hebt; als je eenmaal voelt dat je in Haar bent, blijf dan de mantra inwendig herhalen, totdat je opgaat in een diepe ruimte waarin de mantra vanzelf loslaat of op een natuurlijke manier vanzelf doorklinkt. Als je de ruimte om je heen waarneemt, kun je het glinsterende vloeibare titanium voelen dat jou en jouw vrouwelijke matrix aan alle kanten omhult, bijna als vallende bloemblaadjes. Geniet van deze ruimte en geef jezelf over aan deze volledige omhulling.

Terwijl je dat doet voel je wellicht dat je een diepe, donkere ruimte binnengaat. Zij neemt je dieper mee naar binnen in jezelf; in deze ruimte kun je de indruk krijgen dat er een kristallen bol of vaas voor je staat met een bloem erin. Als dit inderdaad gebeurt, onderzoek het dan - wat voor soort bloem is het? Welke kleur? Is deze bloem open of gesloten? Hard/rigide of zacht? Wat je ook ervaart, deze bloem wil inzichten met je delen over je ware vrouwelijke natuur en de staat waarin zij zich bevindt. Houd je aandacht erbij.

Of dit soort informatie nu wel of niet doorkomt, de uitnodiging blijft om jezelf volledig in May-er- khan op te laten gaan en jezelf eraan over te geven. Het kan voelen alsof je volledig in Haar opgaat en zij tegelijkertijd volledig in jou opgaat. Je zou zelfs fysiek en tastbaar het vloeibare titanium door je cellen kunnen voelen stromen. Wat je ook ervaart, Ze zuivert, geneest en activeert je vrouwelijke circuits. Er kunnen vonken of tintelingen zijn in specifieke gebieden, ergens tussen het derde oog en de alter major (vert: loopt van kuiltje onder je schedelrand tot aan het puntje van je neus) tot aan je wortelchakra en de rest van je basis, of dat je bijvoorbeeld diep van binnen weet aan welke gebieden in je lichaam gewerkt wordt. De gebieden waar je sterke gevoelens hebt, hebben de meeste aandacht nodig.

Je kunt tijdens het werken met May-er-khan ook de aanwezigheid van de Zilver Draak voelen, die werkt namelijk nauw samen bij het activeren van de vrouwelijke circuits in je lichaam. Wat de ervaring ook is, wees ontvankelijk voor de informatie die ze je wil geven. Blijf in Haar zolang je voelt dat het werk doorgaat; wanneer je voelt dat het voltooid is, dank je haar vanuit je hart en laat je je rustig terugglijden in je fysieke omgeving.

Elke keer dat je met May-er-khan werkt, wordt er meer onthuld, opgeruimd, genezen en geactiveerd. Indien je je geroepen voelt om met Haar samen te werken, is er blijkbaar meer te doen. Als je de roep niet voelt, voel dan ook goed na of er sprake is van weerstand, of subtiele vermijding, mogelijk wil een deel van jezelf dit niet erkennen.

DE SIRIUS B DRAAK: AMER-KHAN

> » Verbonden met: mannelijke kant van de lemniscaat van ons circuit

> » Functie: mannelijke energie balanceren; het patroon van het Goddelijk Mannelijke

> » Steen/Metaal: Vloeibaar kwik

> » Mantra: Amer-khan Haa Tou (geademd)

Amer-khan komt snel, zakelijk en met een doel binnen, net als de andere draken van Zijn afkomst waarmee je al hebt gewerkt: de Vuur, Zwarte en Goud Draken. Hij is hier om je te helpen met het verankeren van het Goddelijk Mannelijke in je en het activeren van alle coderingen in je uitbreidende kristallijne matrix die verbonden zijn met de mannelijke aspecten.

Als je in Zijn/Haar buik kijkt, kun je de matrix van de mannelijke vorm zien uitstralen vanuit het uurwerkmechanisme in de kern van dit universum. Je spreekt de naam uit als Amer- zoals het begin van de naam Amerika en -khan zoals de oude heersers in Azië. Om met dit machtige wezen te werken, ga je rustig zitten in meditatie en laat je de naam klinken. Zo roep je Hem aan in je energieveld.

Je zult op een gegeven moment ervaren dat Hij je recht in de ogen kijkt en dat Zijn voorhoofd jouw voorhoofd raakt. Hij verbindt zich met je via je derde oog om te zien of je echt klaar bent voor deze activering. Als je dat bent, zal Hij voor je gaan zitten. Dan kun je het symbool zien of voelen in zijn buik en kun je beginnen Zijn vorm van vloeibaar kwik in te ademen. Op dit punt begin je met het de Haa Tu, die de Haa laat klinken als een lange ademstoot en de Tu met een lange -oe. Laat de volledige mantra Amer-khan Haa Tu klinken totdat je voelt dat je glijdt of zweeft en/of voelt dat je in Zijn buik bent gezogen.

Je zou jezelf kunnen zien in het midden van een veld van bewegende geometrische vormen, meestal zijn deze diamantachtig van vorm en allemaal constant in beweging. Ga door met het klinken van de mantra, op deze manier vraag je om nog dieper in Zijn wezen opgenomen te worden. Als je naar binnen glijdt, voelt het simpelweg zwaar, dik en dicht. Of je het nu voelt of niet, je wordt gevuld met vloeibaar kwik. Blijf er zo lang mogelijk in, in een staat van ontvankelijkheid en dankbaarheid.

Als je veel pijn of een tintelend gevoel achter in de hersenen en in de amygdala in het centrum van de hersenen hebt, houdt dit verband met de activering van de matrixpunten van de Goddelijk Mannelijke vorm in je. Dit is logisch, omdat het mannelijke aspect doorgaans meer wordt geïdentificeerd met de geest. Ook als je niets voelt, vertrouw dan gewoon op het proces, wetende dat Amer-khan met zijn magie aan het werk is - je ontvangt Zijn geschenk.

Als je al pijn voelt, blijf er dan bij totdat het verdwijnt. Wanneer de pijn in je hoofd afneemt, zul je je weer stil, zwaar en dicht voelen en je kunt het ene moment het gevoel hebben in dat veld te zijn van vloeibaar kwik en het volgende moment het gevoel hebben midden in een spelonk van leegte te hangen. Deze leegte is vergelijkbaar met de leegte van de schepping in de baarmoeder van het Goddelijk vrouwelijke, maar het gevoel is radicaal anders. Deze leegte voelt alsof ze - paradoxaal genoeg - gevuld is met structuur en vorm. Het is de balans die nodig is in vereniging met de vrouwelijke creatieve stroom van de leegte van de baarmoeder om echt creëren mogelijk te maken.

Blijf afgestemd op de sensaties die je ervaart in deze diepe meditatie zolang je activiteit voelt en als je voelt dat het klaar is, vraag dan om weer naar buiten te worden geleid. Je zult je nog eenmaal bewust worden van het veld van geometrieën in eeuwigdurende beweging en met een zachte glijdende beweging zul je je vervolgens weer tegenover Amer-khan bevinden. Buig in diepe dankbaarheid en vraag wanneer het nuttig voor je is om Hem opnieuw aan te roepen, als datvan toepassing is. Het is zeer waarschijnlijk dat er verschillende sessies vereist zijn, met tussenpozen, om het werk te voltooien.

DE SIRIUS C DRAAK: ASH-ER-KHAN

» Verbonden met: activering van het volledige lemniscaat in het lichaam

» Functie: Heilige Vereniging (Sacred Union)

» Steen/Metaal: Vloeibaar platina

» Mantra: Ash-er-khan Ir Ma (geademd)

Ash-er-khan huist in het Sirius C-systeem en brengt ons bij het hoogtepunt of het hoogste niveau van werk dat met de draken gedaan kan worden voor integratie in de menselijke fysieke vorm. Zijn gave is om de twee helften van de dubbele lemniscaten van de mannelijke en vrouwelijke circuits samen te voegen binnen het lichaam. Als je deze set lemniscaten van Zijn symbool naar je eigen kern zou verplaatsen, zou het zich uitstrekken van je kruinchakra tot aan je wortel.

Om met Hem te werken, nodig je eerst May-er-khan en Amer-khan uit en activeer je hun individuele vonken. Deze vonken ver-levendigen respectievelijk de vrouwelijke en mannelijke helften van de lemniscaten. JE KUNT PAS MET ASH-ER-KHAN WERKEN NADAT JE HEBT GEWERKT MET DE ANDERE TWEE. Het werkt hetzelfde als met de Kristal Draak, van wie de volledige energieën en coderingen pas ontvangen kunnen worden als het werk met de Zwarte en Witte Draken gedaan is. Zonder stevige fundering kan de Heilige Vereniging die Ash-er-khan daarbinnen activeert, niet plaatsvinden.

AAsh-er-khan wordt uitgesproken als Amer-khan, maar met een 'sh'. Ga rustig zitten en breng je adem tot rust, zodat je gecentreerd en open bent. Visualiseer Zijn symbool voor je in een levensgrote versie ter grootte van je eigen lichaam, waarbij de bovenste diamant net de bovenkant van je hoofd raakt en de onderste diamant net je bekkenbeen raakt. Dit symbool is het lemniscaat van Heilige Vereniging het toegangspunt tot hogere niveaus in dit universum. Het leidt naar de volgende stap: het krijgen van toegang tot het DNA van de perfect menselijke vorm, deze wordt weergegeven door de diamant bovenaan het symbool. De diamant aan de onderkant staat voor het uurwerkmechanisme van ons universum.

Begin nu met het oproepen van de Sirius A en B Draken met behulp van hun mantra's. May-er-khans mantra wordt gezongen, terwijl die van Amer-khan wordt ingeademd. Terwijl je May-er-khan Ong Ro zingt, voel je de eerste helft van het dubbele lemniscaat tot leven komen, beginnend bij het bovenste punt en afwisselend in een lus naar beneden naar de basis, waarna het stijgt en je de andere helft voelt activeren terwijl je Amer-khan Haa Tu ademt. Ga hiermee door totdat het intens trilt.

Roep nu Ash-er-khan aan. De -er (zoals in het Engels: ear) wordt verlengd met een rollende R en kan worden geklonken in verschillende lengtes die goed voelen, met Ma als afsluiting. Ga door met deze alle drie achter elkaar te laten klinken, de ene ronde na de andere. Je kunt een piep in de oren horen of een tinteling voelen door je hele circuit, de laatste vooral in de hersenen. Op een gegeven moment zullen de vloeibare metalen van alle drie een zwaarte in het lichaam creëren, terwijl de geest ongelooflijk licht aanvoelt. Dit zijn de twee tegenstellingen van dualiteit, vertegenwoordigd in de Goddelijk Mannelijke en Goddelijk Vrouwelijke samensmelting, zij vertegenwoordigen ook alle aspecten van dualiteit in je cellen, die in balans en eenheid worden gebracht. Dit laatste fysieke stuk opent de weg naar het op hogere niveaus werken met je kristallijne vorm, dit leidt tot de uitbreiding naar het nieuwe DNA van de perfecte menselijke vorm.

Vaak is deze ervaring zo intens voor de fysieke vorm dat je lichaam moe is en je de behoefte voelt om te slapen. Je wordt zo zwaar en toch zo licht, dat slapen onvermijdelijk lijkt. Geef hieraan toe, zodat je lichaam de hoogste integratie kan ontvangen. Ash-er-khan zal je leiden, beschermen en omarmen tijdens de korte slaap die volgt. Misschien is het maar 20 minuten; het kan ook langer zijn. Laat het zijn wat het moet zijn en als je weer wakker bent, blijf dan nog ten minste 10-15 minuten in stilte om alles te integreren en in je bewustzijn te brengen. Ash-er-khan is de enige van de draken die ons nooit Zijn vorm laat zien. Hij wordt alleen op alle niveaus gevoeld. Zend Hem je dankbaarheid, buig respectvol voor deze geweldige aanwezigheid en wanneer je er klaar voor bent, word je je weer bewust van je omgeving. Het kan zijn dat je nu iets wilt opschrijven, maar waarschijnlijk zul je je weinig herinneren. Het universum is paradoxaal!

TIAMAT EN DE TIAMAT DRIENHOEK

» Verbonden met schaduw: Zij is de bewaker van schaduw

De Tiamat Driehoek is de driehoek van de chaotische drakenenergieën in Sumerië, Tibet en de kern van de planeet. De grootste van de drie is Tiamat. Ze is zowel de moeder van vorm op dit driedimensionale vlak - ze baarde de planeet - alsook de bewaker van het ascensieproces van Gaia sinds het bewustzijn bij Gaia zelf werd gevormd en geplaatst. De andere twee, TiaNNu en BaRaha zijn in wezen de eierstokken van Tiamat. Historisch gezien hebben zij gezorgd voor een diepe verbinding met de oudste drakenenergieën.

Helaas, als gevolg van het verkeerd begrijpen en vervolgens misbruiken van deze oude energieën, zijn ze eonenlang voor ons afgesloten en verloren geweest. De oude Sumeriërs (de huidige regio van Iran) wisten hoe zij deze drakenkracht moesten aanboren en verloren daarna de controle erover. In plaats van het te gebruiken voor het Licht dat het op de planeet kon brengen, wendden zij de energieën aan voor zwarte magie en misbruik, dus sloten de kanalen naar de drakenenergie zich.

De tweede keer dat deze diepe, oude energieën naar boven kwamen, speelde zich af in de regio van Tibet. De stammen in deze regio maakten ook misbruik van de energie en dit zorgde opnieuw voor chaos en ontreddering. De koning van Tibet was gefrustreerd over zijn mislukte pogingen om het Tibetaans boeddhisme in de regio te introduceren, vanwege het niveau van zwarte magie en duistere kunsten die werden beoefend. Hij nam zijn toevlucht tot het uitnodigen van Padma Sambhava om de onhandelbare draak die daar leefde te temmen.

Padma Sambhava heeft 13 jaar lang door Nepal, Bhutan en Tibet gereisd om de regio te zuiveren van demonen. Om de chaotische draak die het gebied omringde te temmen, heeft hij deze letterlijk vastgepind door kloosters te bouwen langs zijn/haar ruggengraat in heel Bhutan. Hierdoor was hij in staat deze draak te transmuteren in een bewaker van het dharma van de aarde in plaats van een vernietiger ervan. Deze draak beschermt nu wezens en ingewijden die betrokken zijn bij diep tantrisch werk aldaar, vooral in de diepe grotten in de bergen.

Padma Sambhava was een van de eersten die met ingewijden op de juiste manier met de drakenenergieën werkte, met behulp van een oefening die hij drakentantra noemde. Dit werd gebruikt om drakencircuits te activeren in het lichaam, het Lichtlichaam en de planeet, op dezelfde manier als nu op veel grotere schaal gebeurt.

De diepte van de duisternis en de chaos die Tiamat verankerde voor de planeet, werd gemakkelijk gevoeld door de grote spirituele leraren in de geschiedenis, zoals Padma Sambhava. Yeshua bijvoorbeeld, is tijdens de 3 dagen van de kruisiging bewust afgedaald in de diepste lagen van dichtheid en duisternis om Licht te brengen naar die plaatsen. Dit zou een reis zijn geweest tot diep in het hart en de baarmoeder van Tiamat. Als de moeder van vorm in het fysieke rijk, draagt Tiamat de dualiteiten in zich die de driedimensionale, fysieke laag definiëren - de paden naar de diepste duisternis en chaos tezamen met de pilaren van het grootste Licht en van eenheid.

Als zodanig, zijn we ons gaan realiseren dat Tiamat het primaire element is voor Gaia's ascensie en dus die van onszelf. Met haar vrijlating zal Gaia's baarmoeder volledig kunnen worden geactiveerd en dan ontwaakt haar Baarmoeder Draak, waardoor haar Lichtlichaam volledig verankerd kan worden in de fysieke werkelijkheid.

Momenteel is Tiamat rondom de kern van Gaia verwikkeld, waar ze haar geheimen met betrekking tot de verbinding met het leven schijnbaar verdrukt en verbergt, dit gebeurt al miljarden jaren. De sleutels die Gaia bezit mogen niet worden onthuld, voordat de mensheid een bepaald niveau van ontwaken heeft bereikt en er echt klaar voor is om naar het volgende niveau te gaan. Het was haar taak als voogd om angstaanjagend en dreigend te zijn, zoals alle beschermende moeders, opdat haar kind niet zou worden geschaad door mensen met minder pure bedoelingen.

In het eerste contact met Tiamat zal men een angstaanjagende, bijna demonische aanwezigheid ervaren met dreigend rode ogen die door je heen kijken en die je testen. Ze is de rauwe tweede chakra-energie, het creatieve hart van de baarmoeder. Haar vrijlating zal een enorme golf van creativiteit ontketenen voor de mensheid, die we hebben geblokkeerd door zo lang losgekoppeld te zijn van onze eigen baarmoeders/hara's. Die tijd is nabij en in tegenstelling tot individuele spirituele meesters die eerder met haar werkten, gaat het nu om groepen mensen die samenwerken, om zo de stappen in onze evolutionaire reis te volbrengen.

Haar vrijlating zal zijn via Liefde. Bewuste intentie en haar omringen met het pure Licht van Spirit is wat haar, haar kind en ons zal bevrijden.

TIANNU

» Verbonden met licht:, zij is de holemoeder, de herder van de draken

» Functie: Tederheid en Gratie

» Mantra: TiaNNu Ru An Nai

TiaNNu en Tiamat zijn een tweeling: Tiamat staat voor de ontbinding van het oude, terwijl TiaNNu de entree in het nieuwe verzorgt. Gedurende vijf van de grote aardse cycli van bijna elk 13.000 jaar, heeft Tiamat zich gewijd aan het afwisselend te worden vastgebonden en vrijgelaten, vastgebonden en vrijgelaten en opnieuw te worden vastgebonden. Met de voltooiing van deze laatste cyclus kan ze worden vrijgelaten en kan de oude mythe van gescheidenheid oplossen. De nieuwe cyclus gaat over het omarmen en opnemen van haar, in plaats van deze oude mythe, waarbij ze moest worden afgewezen, gedood of uit het bestaan moest worden verwijderd. Deze zelfde mythe is van toepassing op ieder van ons en op onze mythe van afscheiding.

TiaNNu voelt in de directe ervaring als precies het tegenovergestelde van Tiamat. Ze zijn allebei geweldige, tedere moeders en tegelijk is Tiamat de felle beschermer, die de kostbare Gaia bewaakt, terwijl TiaNNu degene is die ieder van ons koestert in het drakennest. Het toppunt van tederheid, zachtheid, geven en koesteren. TiaNNu geneest onze pijnen en verfrist ons in onze slaap, als we onszelf tenminste toestaan om in Haar koesterende omhelzing te vallen.

Je kunt Haar ervaren door simpelweg in bed te liggen, zowel als je gaat slapen als bij het ontwaken en haar mantra zingen. Ti (zoals de Engelse tea die je drinkt), aN (ahn, zoals de ster in Orion's Belt), Nu (met een lange oe), Ru (nog een lange oe), An (weer ahn), Nai (zoals het eerste deel van night, in het Engels). Laat de klanken hun eigen ritme en melodie vinden, zingend vanuit je hart naar Haar, als naar een Goddelijke Moeder.

Stel je voor dat ze je knuffelt tegen Haar warme borst, jou wiegend en troostend als een kind. Laat Haar je koesteren met zacht wrijven over je rug of het gladstrijken van je haar. Begin dan het hele nest van draken om je heen te voelen; ze zijn er in alle maten en kleuren. Je voelt misschien babydraken op en neer springen op je benen, als een soort massage van vreugde. Stel je hart open en ontvang de Liefde die ze allemaal naar je sturen en de vreugde die ze met je willen delen. Geniet van het nest terwijl je in slaap valt of als je wakker wordt en stuur een hart vol liefde naar hen terug.

Ze zullen je weer opvullen als je moe bent van het zwoegen in het leven, de emotionele pijnen van je mensenreis en de eenzame momenten waarop dingen niet de goede kant op lijken te gaan. Ontspan je in de troost van TiaNNu als een aspect van de

Goddelijke Moeder; dit is haar goddelijke rol.

BARAHA

» Verbonden met evenwicht: Hij is holevaderdraak. Ondersteunend, gevend aan het vrouwelijke, wetend dat hij er zoveel meer voor terugkrijgt; het goddelijke voorbeeld voor de mensen in de wereld.

» Functie: Kracht en Moed

» Mantra: BaRaha Hu Anu

TiaNNu en BaRaha genezen samen onze meest oorspronkelijke laag van verlating, afwijzing, uitsluiting en afscheiding. TiaNNu is voor ieder van ons het levende voorbeeld van het Goddelijk Vrouwelijke, door te laten zien tot op welke niveaus we tederheid, genade, mededogen en zachtheid en eveneens het krachtveld dat aan alles ten grondslag ligt, kunnen ervaren.

BaRaha houdt ons het perfecte voorbeeld van de GEVENDE man voor; heilige seksualiteit voor mannen gaat over geven, omdat ze zoveel van de vrouw ontvangen. Alleen het vrouwelijke kan het pad terug naar de Kosmische Baarmoeder openen voor de man, wanneer hij in overgave en zuivere en heilige vereniging de laatste poorten binnengaat. Zo zijn TiaNNu en BaRaha samen een tastbaar voorbeeld van een heilig huwelijk.

Terwijl je in het nest bent met TiaNNu, kun je BaRaha en zijn mannelijke kwaliteiten aanroepen om je in balans te brengen en de genezing die je ontvangt af te ronden, of gewoon om mannelijke kracht rondom je te voelen. Ook als er geen fysieke mannen in je leven aanwezig zijn, staat hij klaar om naar voren te stappen. Hij is altijd op de achtergrond wanneer TiaNNu aanwezig is, wachtend om opgeroepen te worden. Focus je aandacht op Hem en laat Zijn mantra klinken: Ba, Ra, ha (allemaal dezelfde korte a als in Ra (de zon), Hu (met een lange oe), Anu (zoals in de naam van TiaNNu).

Laat het klinken totdat je Zijn aanwezigheid en energie in, door en om je heen voelt stromen.

DE ROBIJN, SAFFIER EN SMARAGD DRAKEN VAN MIDDEN-AARDE

De draken van de Midden-Aarde maken deel uit van de grote 'familie' van Interdimensionale Draken. Ook zij zijn androgyn, volledig versmolten Wezens die specifieke frequenties en gaven naar ons toe dragen, naar het aardse vlak. Ze komen voort uit een andere dimensie van de aarde die kan worden beschouwd als de Midden-Aarde. Het is niet belangrijk om hun bron te begrijpen om hun gaven te kunnen ontvangen.

Deze drie draken dragen de hoogst haalbare kracht waartoe mensen uit alle beschavingen ooit toegang hebben gehad, omdat zij, frequentiegewijs, de matrix van het aardse oppervlakte het dichtst benaderen. Deze kracht is, elke keer dat zij beschikbaar was, door de mensheid misbruikt. De toegang tot deze kracht wordt daarom nu streng bewaakt door zeer hoge Wezens, met inbegrip van de Raad van Christus en de Machtige Elohim. Dit doen zij vanuit liefde, voor ons hoogste goed.

De Saffier Draak ondersteunt groepen (in co-creatie) die zich inzetten voor een goddelijk doel (zoals Arthur en de Ronde Tafel - de meest recente samenwerking die er was met de Saffier draak). Door elk lid van de groep afzonderlijk in Zijn magische mantel te hullen, werkt de Saffier Draak met ieders specifieke behoeften op het gebied van loslaten en overgave. Hierdoor kan elke persoon binnen de groep zijn of haar individuele sleutel inbrengen gedurende de co-creatie.

Interessant is, dat in zijn rol als de bewaker van groepsalchemie, de Saffier Draak ook de bewaker is voor de mensheid, met haar Goddelijke bedoeling om afscheiding te ervaren en ernaar te streven terug te keren naar de Eenheid met God. De Saffier Draak kan de opening van de laatste poort binnen de menselijke fysieke vorm versnellen, zodat de poorten van de Kosmische Baarmoeder, die leiden tot hereniging met God en Eenheid, binnen gegaan kunnen worden.

De Robijn Draak opent het pad tussen de Grote Centrale Zon en de dichtheid van dit universum, teneinde meer licht toe te laten. Op individueel niveau betekent dat, dat de Robijn Draak de waarheid belicht en ons in de harten van de mensheid kan laten kijken.

Deze kennis bevat grote macht en is een van de redenen waarom de toegang tot Haar wordt bewaakt.

Wanneer de focus van de Robijn Draak naar binnen gericht is in plaats van naar buiten, expandeert ons hart tot op het diepste niveau. Men kan een indrukwekkende explosie ervaren die de Diamanten DNA-codes in de bovenste chakra's activeert - het is een uitbreiding van diamantrasters vanuit het Hoge Hart naar alle richtingen.

Met de Robijn en Saffier Draken kan niet individueel worden gewerkt. Met de Smaragd Draak wel, hoewel, zonder de aanwezigheid van een Drakenmeester en de goedkeuring van de Hoge Raden, in beperkte mate. Voor hen die haar willen oproepen, kunnen er wonderbaarlijke genezingen en geschenken plaatsvinden.

DE SMARAGDGROENE DRAAK: JEZ-IIRA-BEL

» Mantra: Jez-eera-Bel U Na Ru

» Schenkt individuele alchemie

Jez-eera-Bel werkt met individuele niveaus van weerstand, angst en DNA-activering tijdens de reis van expansie. Zij houdt de meest krachtige magische principes in bewaring. Deze zijn niet 'donker' noch is het 'zwarte' magie, maar - zoals met alle dingen - kan het wel op deze manier worden gebruikt. De smaragdgroene draak straalt, zoals alle draken, pure liefde en compassie uit voor wat de ziel wil ervaren. Door Haar geheimen te onthullen, stelt Zij de persoon in staat om te kiezen hoe Haar gaven ingezet worden. Zij brengt iedereen wat hij/zij nodig heeft om zijn/haar individuele dharma (waarheidsdoel) te realiseren.

Andere Draken
IN ONS UNIVERSUM

Er zijn talloze andere draken in ons universum die we aan kunnen roepen en die hun wijsheid met ons willen delen. Hieronder worden er een paar genoemd die hun aanwezigheid kenbaar hebben gemaakt. Deze draken bieden andere dingen dan het werk specifiek gericht op het openen van het fysieke lichaam, zoals besproken in dit boek. Er zijn draken in bijna elk sterrenstelsel en elke planeet, dus misschien ontdek je nog vele anderen die hier niet worden genoemd. Degenen die worden genoemd, zijn enkel bedoeld als voorbeeld en om te delen welke informatie ze naar voren hebben gebracht. Het wordt je eigen ontdekkingsreis om te zien welke schatten ze specifiek voor jou hebben.

DE ZON DRAAK: SORANUM

- » Mijn naam is mijn Mantra
- » Ik ben puur Licht. Ik activeer het pad naar de zon. Ik werk met Melchizedek en de Witte Draak.

DE MAAN DRAKEN

- » Rahu – de zuidelijke knoop; het mannelijke aspect van de maan
- » Ketu – de noordelijke knoop; het vrouwelijke aspect van

de maan

Rahu en Ketu brengen ons geweldige geschenken, een van de meest eenvoudige is de dagelijkse herinnering aan hun eeuwige heilige dans van goddelijke vereniging. Door simpelweg af te stemmen op de maan terwijl zij door de nachtelijke hemel glijdt, door ons af te stemmen op Rahu en Ketu en hen vanuit ons hart te vragen om met ons te versmelten, zullen we de dans waar zij altijd middenin zitten, beginnen te voelen in onze cellen.

Het is een speelse, vreugdevolle viering van de goddelijke creatie van perfecte eenheid die we allemaal in ons hebben, wachtend om te worden erkend en genezen. Het is een dans van een constante staat van liefdevolle gelukzaligheid. Dit is onze vergeten innerlijke natuur en tevens de eenheid waar we zo lang naar hebben gezocht in onze relaties, buiten onszelf. Pas wanneer het in onszelf geheeld is, kunnen we het echt ervaren met een ander Wezen.

En dus dansen Rahu en Ketu eeuwig door, in de hoop dat we op een dag zullen ontwaken en beseffen dat zij ons al die tijd in onze ware aard hebben weerspiegeld; dat er een diepere reden is geweest voor onze fascinatie voor en koele overgave aan de krachtige aanwezigheid van Moeder Maan.

DE DRAAK VAN SOLARIS: NINURA

Solaris, ook wel de tiende planeet genoemd, of de vergeten planeet, is nog steeds energetisch aanwezig in ons universum en wordt bewaakt door NinuRa, een majestueuze draak van slangachtige vorm met een huid die tegelijk kobaltblauw, violetpaars en glinsterend als een diamant is. Zij is de bewaker van de informatie van Solaris en zou de mensheid kunnen helpen om herhaling van de destructieve fouten die de bewoners van Solaris hebben gemaakt, te voorkomen.

DE DRAAK VAN ANDROMEDA: ENNGG MAAAAA

» Symbool: dubbele helix van wit en goud in een

hemelsblauw veld. Navelstreng van het heelal; portaal naar het volgende universum.

Het symbool van Enngg Maaaa kwam snel en precies door toen Haar aanwezigheid voor het eerst gevoeld werd. Door ermee te mediteren, kun je naar de randen van dit universum worden gebracht en kun je het portaal worden getoond naar het volgende universum. Deze informatie kan nuttig zijn voor een ziel die zich buiten dit universum wil bewegen, om andere werkelijkheden te ervaren of om van daaruit informatie terug te brengen naar het aardse vlak. Er zijn momenteel maar weinig zielen klaar voor dit werk en dus is het symbool op dit moment hier niet visueel opgenomen. Er zullen echter zielen zijn die dit ten dienste van de mensheid doen tijdens de volgende evolutiefase en sommigen voelen zich misschien aangetrokken om het symbool te visualiseren aan de hand van de beschrijving ervan, om te zien wat het aan het licht brengt.

DE FENIKS: BEN U ASR – DE KERN VAN RA, DE GROTE CENTRALE ZON

De Feniks is het hoogtepunt van alle gezamenlijke drakenenergieën die zich aan de mensheid hebben gepresenteerd om mee te werken. Ze komen van oorsprong allemaal uit Hem voort en na hun samensmelting en voltooiing aan het einde van deze cyclus, zal Hij opnieuw uit de as geboren worden en op deze wijze de nieuwe cyclus van de aarde inluiden. Zijn geboorte luidt een geweldig nieuw begin in en roept de vorm van het volgende octaaf van draken aan waarvoor de mensheid klaar is om mee te werken, omdat ook zij een nieuwe, hoger trillende vorm aanneemt.

Deze prachtige wezens beginnen zich nog maar net te manifesteren, als glinsteringen aan de horizon, wachtend op de goddelijke timing terwijl de mensheid haar stappen voorwaarts zet. Ze zullen naar voren treden en alle draken van dit rijk, die millennialang zo liefdevol gediend hebben, vervangen en vrijlaten voor hun eigen expansie naar een andere octaaf. Dat wordt een opwindende tijd!

Het Oog van de Draak
BINNENGAAN

Na het voltooien van het werk met de Interdimensionale Draken kan een nieuwe laag betreden worden. Deze laag brengt extreem krachtige hulpmiddelen voor manifestatie en begeleiding op het aardse vlak met zich mee. Dit moet dan ook niet lichtvaardig worden opgepakt, altijd met een zuivere bedoeling vanuit het eigen hart en nooit namens iemand anders.

Dit is de kans van je ziel om zich oude waarheden te herinneren over de werking van de levenskracht en onze co-creatieve krachten met het Goddelijke. Deze reis is wat je er zelf van maakt en je draagt verantwoordelijkheid voor elke gekozen creatie en de gevolgen van je creaties. Dit heeft tot op dit punt altijd zo gewerkt, zowel op persoonlijk vlak als in het collectieve geheel, maar de meeste van onze creaties zijn vanuit het bovenbewuste of vanuit de onbewuste velden ontstaan.

Zo kwamen we steeds verder los van

de Waarheid te staan, verdraaiden en vervormden we alle positieve en negatieve aspecten van onze creaties, legden we de verantwoordelijkheid buiten ons zelf, door anderen of externe krachten de schuld voor de situaties in ons leven te geven. In het Oog van de Draak komen je creaties op een directe manier naar het bewuste niveau; je zult je heel bewust worden van wat je aan het creëren bent.

Met elk van de Elementale Draken - Aarde, Lucht, Vuur en Water - kan op dit niveau worden gewerkt, voor verschillende dingen. Elk brengt een uniek geschenk en een niveau van diep werk voor op je reis. Met de Elementalen kunnen we ons op dit niveau begeven, omdat zij zogezegd de hoekstenen zijn van de heilige geometrie van de planeet. Zij vormen het pad waarlangs de manifestatie van de Geest in de Materie overgaat en zo vormen zij voor ons een schakel om ware mede-scheppers op het fysieke vlak te worden met het Goddelijke.

Het is belangrijk dat je je werk met de draken afzonderlijk, aan de hand van het werk met de Goud, Zilver en Koper Interdimensionale Draken, al hebt voltooid, zodat je Lichtlichaam goed genoeg verankerd is om naar dit werkniveau over te gaan. De geschenken hiervan kunnen enkel ontvangen worden bij een gevorderd stadium van verankering van het Lichtlichaam in het fysieke lichaam. De draken zullen je niet in het Oog ontvangen als je niet voorbereid bent.

Op dit niveau werk je met hun samengevoegde aspecten en zul je hun aanwezigheid daarom als mannelijk en vrouwelijk tegelijk voelen. Je werkt directer met hun symbolen, dus het is belangrijk om een sterk beeld van hen te hebben, direct voor je of via je geestesoog. Wellicht besef je in het werken met de symbolen dat het Oog van de Draak intrinsiek en op een subtiele manier altijd al aanwezig was. Elk symbool neemt nu een nieuwe vorm aan als je het bekijkt vanuit een nieuw perspectief en je het voor je houdt als een portaal.

Besteed eerst de tijd aan het ademen met jezelf. Begin dan te ademen en de mantra te chanten om de Draak aan te roepen waarmee je verbinding wilt maken. Houd het beeld van dat drakensymbool voor ogen en probeer de kleur van de steen erachter zo levendig mogelijk op te roepen. Als je hart oprecht is en je intentie integer, zal de Draak je uitnodigen - je bijna naar binnen trekken - door het midden van het symbool: de poort naar het innerlijke Oog van de Draak.

Je kunt het gevoel hebben dat je in een kristallen bol komt van groen Moldaviet, geel Topaas, oranje Carneool of Aquamarijn. Daar ben je inderdaad. Let op je adem als je eenmaal bent binnengekomen; zorg ervoor dat je inderdaad nog ademt. Ademen wordt namelijk moeilijker in deze ruimte en zal eerst wat geforceerd voelen. Je lichaam is niet gewend aan dit multidimensionale rijk dat je bent binnengegaan en heeft enige aanpassing nodig. Dit is een van de redenen waarom je Lichtlichaam verankerd moet zijn in je fysieke lichaam, dit is cruciaal om vooruit te komen in je werk met de draken. Probeer het ritme van de adem van de Draak te voelen en stem jouw adem erop af.

Je kunt het gevoel hebben dat je in een kristallen bol komt van groen Moldaviet, geel Topaas, oranje Carneool of Aquamarijn. Daar ben je inderdaad. Let op je adem als je eenmaal bent binnengekomen; zorg ervoor dat je inderdaad nog ademt. Ademen wordt namelijk moeilijker in deze ruimte en zal eerst wat geforceerd voelen. Je lichaam is niet gewend aan dit multidimensionale rijk dat je bent binnengegaan en heeft enige aanpassing nodig. Dit is een van de redenen waarom je Lichtlichaam verankerd moet zijn in je fysieke lichaam, dit is cruciaal om vooruit te komen in je werk met de draken. Probeer het ritme van de adem van de Draak te voelen en stem jouw adem erop af.

Op deze manier werken met de Elementale Draken van Mu was hun dharma, dat wachtte tot het tevoorschijn kon komen en zich kon ontvouwen. Ze genieten ervan, maar niet zonder voorzichtigheid. Je komt niet in het Oog van een van de Draken als je er niet klaar voor bent of als je hart niet oprecht is. Dit is het keerpunt geweest voor veel beschavingen; je kunt het zien als een meesterproef. Elke beschaving bereikte dit niveau en wanneer de ware verlangens en bedoelingen van misbruik of gebrek aan hartverbinding onthuld werden, sloten de Draken van Mu de verbindingskanalen af en hielpen bij de vernietiging van de beschaving. Aan ons de keuze welke richting we dit keer kiezen.

HET OOG VAN DE AARDE DRAAK

Via het Oog van de Aarde Draak betreed je de prachtige ruimte van manifestatie. Hier kom je om te creëren. Wat wil je manifesteren in je leven? Welke dromen koester je en heb je nog niet gerealiseerd? Wat zou je naar voren willen brengen in deze fysieke werkelijkheid vanuit het diepste en het liefste van je hart? Dit is dé plek om deze dromen naartoe te brengen.

Breng jezelf in het huidige moment door bewust te ademen en je centrum te vinden. Visualiseer de afbeelding van het Aarde Draak-symbool. Als je je in je centrum bevindt, voeg je de Aarde Drakenmantra toe: Mee Tu Am Na Hey Rua, de adem uitsturend over de vloer en het dak van de grot, zoals in eerder werk met de Aarde Draken. Voel hoe hun energie via de voor- en achterkant van je romp naar beneden afdaalt, pulserend door de kanalen op de inmiddels bekende manier. Stuur je intentie naar de Aarde Draak: dat je het Oog van de Draak wilt binnengaan, om op een dieper niveau met hem/haar te werken.

Blijf de mantra chanten, totdat je voelt dat de Aarde Draak nadert en het hoofd buigt naar de vloer van de grot, zodat je het portaal van het symbool kunt betreden dat naar het Oog leidt. Je zult een gloeiend, groen veld om je heen voelen als je binnenkomt en verder gaat in het Oog. De Moldaviet gloeit en schittert aards groen vanuit een niet te onderscheiden lichtbron binnenin de Draak (als je niet bekend bent met Moldaviet, bezoek dan een edelstenenwinkel of zoek op internet zodat je je deze kleur levendig kunt voorstellen).

Zit of sta in wat voelt als het centrum van het Oog. Blijf ademen; dat zal hier iets moeizamer voelen. Probeer je ademhaling te synchroniseren met de adem van de Draak. Wanneer je er klaar voor bent, zul je de aandacht van de Draak voelen en zal deze je vragen wat je verlangen is, wat je op het fysieke vlak wilt manifesteren. Zorg ervoor dat je het in alle details kunt onthullen. Het is verstandig om hier niet met lege handen te komen, bijvoorbeeld enkel uit nieuwsgierigheid. De Draak neemt het niet lichtvaardig op wanneer hij/zij wordt verstoord zonder doel.

Creatie vindt plaats vanuit de verbinding tussen hart en

baarmoeder. Voel je droom, of dromen, gevoed door de diepste verlangens in je hart en laat ze opborrelen in de aanwezigheid van de
Aarde Draak. Zodra ze voor je verschijnen, zal hij/zij je begeleiden
om ze allemaal te verzamelen, te omarmen en naar de basis van
je baarmoeder te brengen. Houd ze hier en voel hun diepte. Het
is verstandig om niet te veel mee te nemen per sessie. Het werkt
meestal het productiefst, wanneer je je aandacht richt op één creatie
tegelijk.

Je kunt voelen dat de baarmoederruimte warm begint te worden,
of je ervaart een lotusbloem die zich naar boven uitbreidt en bloeit,
teneinde de droom op deze wijze in haar centrale draaikolk te
houden. Dit wordt de ruimte waarin deze droom zich voortzet, tot
het klaar is voor de geboorte op het fysieke vlak. Houd het met aandacht in stand en adem. Voel de adem van de Draak samen met die
van jou als één, in- en uitademend, zo de ruimte omringend met een
warme, zwangere nevel. Adem vervolgens gewoon in harmonie met
de Draak. Voel hoe de polsslag van de droom die je hier koestert,
tot leven komt.

Koester het zoals je een kind koestert, of zoals een zwangere
moeder haar buik vasthoudt, liefdevol, teder en verwachtingsvol,
vanuit het hart met een diep gevoel van verbondenheid met dit kind.

Op een gegeven moment zul je weten dat het tijd is om je creatie
in de veilige handen van de Aarde Draak te laten. Het zal zich hier
voortzetten, totdat elk aspect ervan gereed is om op het fysieke vlak
tot bloei te komen. Deze plek is tegelijkertijd in je en je draagt hem
altijd bij je. Je kunt zelfs fysieke symptomen ervaren, alsof er iets
groeit in de baarmoeder.

Je zult voelen dat de Aarde Draak zijn/haar hoofd laat zakken,
zodat je weg kunt gaan en daarop bevind je jezelf weer in de grot
waar hij/zij woont. Buig in diepe eerbied en dankbaarheid voor dit
grote Wezen dat je heeft bijgestaan in deze krachtige manifestatie.
Blijf in deze ruimte zo lang als je nodig acht; om te integreren, te
begrijpen, te verwerken en het allemaal te onthouden. Verlaat dan
de grot en breng jezelf terug in de fysieke werkelijkheid.

Voel de creatie in jou die met jou is teruggekeerd. Je kunt je
zwaar voelen; dit is een goed teken, want dat is een indicatie dat

datgene wat je wilt creëren nu echt op het fysieke vlak is verankerd. Vertrouw erop dat deze creatie precies op het juiste moment geboren zal worden.

Je kunt met deze droom verder werken door het Oog van de Vuur Draak binnen te gaan. Dit zal de diepste wegversperringen en illusies vrijlaten die diep in je zitten en waarvan je je hoogstwaarschijnlijk niet bewust bent, die deze droom hebben vastgezet of weggehouden van manifestatie. Werken met het Oog van de Vuur Draak zal de manifestatie naar de volgende fase brengen.

HET OOG VAN DE LUCHT DRAAK

Als we het Oog van de Lucht Draak binnengaan, komen we in een ring van totale helderheid. Bij binnenkomst heerst er in eerste instantie veel mentale verwarring bij je. Je weet niet waar je bent, of je op de juiste plek bent; je bent enkel in een bol van geel licht. Dit is goddelijk perfect afgestemd, want om de geschenken van het innerlijke oog van de Lucht Draak te ontvangen, word je uitgenodigd om de meest heldere ruimte binnen in jezelf te definiëren. Op deze plek kunnen we de geest leegmaken en ons zowat volledig onderwerpen aan de ruimte van het niet-weten. Als we hier komen, kan de Lucht Draak zich tot ons richten en alle vragen in ons hart beantwoorden.

Dit is een ruimte die het mogelijk maakt zonder emotie te begrijpen, alle levenssituaties uit het verleden, heden en toekomst waarin we zijn geïncarneerd: subtiele familiestructuren en -dynamieken, relaties zowel positieve als negatieve, zakelijke partnerschappen of relaties. De lijst is eindeloos omdat wij zelf eindeloos zijn, net als de kennis en het begrip dat we in dit leven over ons dharma zoeken. We kunnen pas echt op een volledig bewuste, krachtige manier leven, als we begrijpen wat we hier doen. Inzicht in het verleden en heden geeft ons helderheid in het nu, van wat we manifesteren in elk moment, evenals de richting die moet worden gevolgd om ons levensdoel/dharma echt te bereiken.

Dit kan een ontmoedigende en enge plek zijn als je er nog niet klaar voor bent om met absolute helderheid de dynamiek van de levenssituaties die je hebt gecreëerd, te begrijpen. Dit is waarom het werk binnen het Oog van de Draak niet lichtvaardig moet worden opgevat. En het zal dan ook niet lukken als de Draak meent dat je niet klaar bent om dit geschenk van hem/haar te ontvangen.

Om dit diepere werk met de Lucht Draak te beginnen, zorg je dat je je comfortabel voelt en je concentreert je op je adem. Breng je geest tot rust en wanneer je de stilte voelt, begin dan de mantra te chanten met het adempatroon en de mantra die met de Lucht Draak werden gebruikt: Mee Ru Ah Tu Nay Ah Oh. Omdat je met zowel de mannelijke als de vrouwelijke tegelijk samenwerkt, zul je merken dat de uitademing die in draaikolken tegen de klok in gaat, zowel op- als neerwaarts wil gaan. Wissel dit patroon gewoon af, totdat je de bekende lijn van energie voelt openen door je ruggengraatkanaal en je verbonden bent met de Lucht Draak. Visualiseer ondertussen de hele tijd het Lucht Draak-symbool.

Ga dan door met het reciteren van de mantra en visualiseer het prachtige wezen dat voor je staat. Vraag om toestemming om het Oog binnen te gaan en om op een dieper niveau met hem/haar te mogen werken. Ga door met het chanten van de mantra - verbaal of intern - en zak dieper en dieper in deze ruimte, totdat de Draak zijn/haar hoofd laat zakken zodat jij door het portaal in het symbool, het Oog in kunt stappen.

Is de Draak je niet ontvangt, accepteer deze kennis dan gewoon zonder oordeel of zelfkritiek, wetende dat jij het in feite zelf bent die denkt dat je nog niet klaar bent om de antwoorden op je vragen te ontvangen. Als je er echt klaar voor bent, kun je naar binnen en zo niet, dan zul je weten wanneer je het opnieuw kunt proberen.

Als je het Oog bent binnengegaan, ga dan zo diep mogelijk, naar het midden van de ruimte. Je zult worden ingekapseld in het glanzende licht van het centrum van de gele topaas, omgeven door barnsteen, met goudbruine draden van licht uitstralend in de atmosfeer. Je kunt verwarring en onzekerheid voelen en je het volgende afvragen: Ben ik echt op de juiste plek aangekomen? Ben ik echt in het Oog van de Lucht Draak? Of zit ik alleen maar in een diepe ruimte? Laat je leiden door de warme gloed en de gouden tinten van het licht om je heen.

Dit is de manier waarop de Draak jou je ware innerlijke stilte laat vinden, want alleen op deze wijze kun je met absolute helderheid de stroom van bewustzijn ontvangen die nodig is voor de doorstroming naar het fysieke. Naarmate de verwarring afneemt, zul je voelen dat er vanuit de diepte van je kern stilte ontstaat. Een diepe stilte, die voelt als Thuis. Alleen al de ervaring van het hier kunnen zijn, is op deze reis een geweldig cadeau op zich.

Op dit punt voel je de blik van het innerlijke oog van de Draak op je gericht en hij/zij geeft je de gelegenheid jouw vragen uit je hart te laten komen. Laat vervolgens gewoon de stroom van bewustzijn binnenkomen in welke vorm dan ook om informatie te ontvangen. Niet iedereen ontvangt de informatie mondeling. Sommigen kunnen geluids-, kleur- of zintuiglijke informatie ontvangen; binnenkomende stukken informatie in de vorm van 'weten' zijn het meest voorkomend. Sommige downloads zijn ingebed in code, die zich als transmissies via het derde oog rechtstreeks in de geest kanaliseren. Deze kunnen een ongecontroleerd fladderen van de oogleden veroorzaken als zij binnenkomen. Vertrouw erop dat deze informatie wordt gedownload en dat je deze vervolgens op het juiste moment ontvangt via dromen, synchroniciteit of intuïtieve ingevingen.

Je voelt het wanneer de vragen en antwoorden die je hebt meegebracht, afgerond zijn. Probeer geen alledaagse vragen over beslissingen in je leven enzovoort of teveel vragen tegelijk mee te nemen - de informatie die je ontvangt omvat een dieper begripsniveau van het hele doel en de reis van de ziel in relatie tot alles Als je deze aspecten begrijpt, valt de rest moeiteloos op zijn plaats in je leven.

Terwijl je je voorbereidt om met volledig bewustzijn terug te keren naar het fysieke vlak, bedank je de Lucht Draak in dankbaarheid voor de samenwerking en wacht je op het signaal om terug te gaan. Dat moment wordt vanzelf duidelijk en je kunt dan langzaam het oog verlaten. Keer eerst terug naar de grot en keer dan volledig terug naar de kamer om je heen.

Houd een logboek bij van de vragen en antwoorden die je hebt ontvangen, zodat je bij toekomstige vragen je de informatie met elkaar kunt verbinden voor een breder begrip. Zo voorkom je ook dat je de Draak vragen stelt waar je al informatie over hebt gekregen.

HET OOG VAN DE VUUR DRAAK

Om het Oog van de Vuur Draak binnen te gaan, is diepe nederigheid een vereiste. Op deze plek ben je in staat om de waarheid te zien van de wegversperringen en illusies die je hebben weerhouden van je dromen en hartenwensen. Het is handig om al binnen het Oog van de Aarde Draak gewerkt te hebben, zodat er verder gewerkt kan worden met de dromen die je daar als zaden geplant hebt. Met deze wakker je het vuur onder hen aan, ze zullen gaan groeien en tot wasdom komen door je werk in het Oog van de Vuur Draak.

Visualiseer/houd het symbool van de Vuurdraak voor je en begin te ademen, terwijl je jezelf in een heldere, gecentreerde ruimte in je lichaam bevindt. Visualiseer dat je in de grot van de Vuur Draak zit als je de mantra begint te chanten: Bah Tu Haa Beesh Tau Hay. Terwijl je uitademt, stuur je de vurige adem uit in alle richtingen. Wanneer de Vuur Draak bij jou de grot binnenkomt, zul je voelen dat je buik- en bekkenkanalen, die je eerder met Hem/Haar hebt geopend, doorstromen met energie. Verstuur de intentie dat je het Oog van de Draak zou willen binnengaan om met Hem/Haar te werken.

Je zult voelen dat de Vuur Draak dwars door je heen kijkt en je op een bepaalde manier opneemt. Je kunt enkel binnenkomen als je in een staat van volledige nederigheid in Zijn/Haar aanwezigheid bent. Dit is omdat als je eenmaal binnen bent, je in volledige nederigheid in jezelf moet zijn om in de zwarte spiegel te kijken.

Als je volgens de Draak klaar bent om naar binnen te gaan, zal de Draak het hoofd naar je laten zakken en je zult een prachtig carneool oog voor je zien, met slechts een dunne zwarte spleet in het midden. Wacht tot deze spleet zich uitbreidt tot een volledige deuropening en ga naar binnen. Je komt in een zwarte gang zonder licht. Blijf vooruitgaan totdat je een oranjerode gloed om je heen voelt. Je staat dan in het midden op een grote schijf - de zwarte spiegel.

Je zult voelen dat de aandacht van de Draak naar binnen keert om zich op jou te concentreren en je bewust te maken van je dromen en van wat je ervan weerhoudt om deze te manifesteren. Je wordt gevraagd om één voor één je wegversperringen, waarvan je denkt dat ze tussen jou en je hartenwens staan, te onderzoeken. Werk met één droom tegelijk. Je zult je realiseren dat wat je dacht dat wegversperringen waren, in werkelijkheid geen invloed hadden; het waren de valse illusies die je ervan weerhielden dieper te kijken. Je houdt ze allemaal voor de zwarte spiegel en je zult de waarheid ervan zien. De Draak zal je helpen met sorteren en je begeleiden in het proces om het nu of op een ander moment nader te onderzoeken.

Blijf afpellen totdat je de wortel vindt van de oorzaak. Het zal hoogstwaarschijnlijk gekoppeld zijn aan een oude angst die je diep van binnen hebt over jezelf en/of over je gedrag in combinatie met de komst van deze droom in je leven. De opbaring hiervan kan schokkend en onverwacht zijn. Sta jezelf toe om er eerlijk en zonder oordeel naar te kijken, in dankbaarheid dat je je het nu bewust bent en het vrij kan zijn. Leg het op de spiegel.

Wanneer de kern van de illusie is onthuld, zal de Draak je de binnenkamer laten zien die zich binnen het oog bevindt. Je zult voor je een muur van vuur ervaren met weer een zwarte deuropening in het midden. Betreed deze diepere ruimte. Dit is het koele centrum waar je veilig bent, terwijl de illusies die je op de zwarte spiegel hebt gelaten, worden weggebrand.

Wanneer het proces is voltooid, voel je de zwarte muren om je heen wegvallen en je zult weer in de carneoolachtige gloed op de schijf van de zwarte spiegel staan. Zijn er nog meer dromen en illusies om vandaag naar te kijken? Als dat zo is, houd dan de volgende droom voor aan de Draak en kijk opnieuw naar de wegversperringen die je van je droom weerhouden.

Als je voelt dat je genoeg wijsheid hebt vergaard, zal de Draak samen met jou beginnen te ademen om de vlammen aan te wakkeren rond de droom die je vasthoudt in je zwangere baarmoeder. Daarom is het verstandig om eerder in het Oog van de Aarde Draak te hebben gewerkt, zodat je wel een droom hebt die via je baarmoeder op het fysieke vlak kan worden gebaard en niet alleen wordt vastgehouden in je hart als een hoop of verlangen. Dit zal het proces versnellen en zo wordt de Vuur Draak een krachtbron in het voeden van manifestatie.

Als je klaar bent om terug te keren naar de grot, buig dan in diepe dankbaarheid voor de Vuur Draak en als Zijn/Haar hoofd weer naar de bodem van de grot zakt, stap je uit en vind je rustig je weg terug naar de fysieke ruimte om je heen. Je zult je hoogstwaarschijnlijk erg warm voelen en een diepe leegte voelen in je lichaam. Dit komt omdat je hebt zojuist een diepe zuivering ondergaan.

Deze zuivering en het opbranden van illusies begint en eindigt in een heldere staat van diepe nederigheid. Vanuit deze staat van zijn, kunnen we ons oprecht en eerlijk uiten naar onszelf en naar anderen en herinneren we ons weer hoe dat is en verdiepen we onze dagelijkse communicatie, omdat we weer leren om vanuit deze ruimte te spreken.

Naast het prachtige geschenk dat het pad vrij maakt om onze dromen te verwerkelijken is dit er ook. Hoe meer werk we doen in het Oog van de Vuur Draak, hoe meer we terugkeren naar onze oeroude communicatie met onszelf en met elkaar.

> JE HEBT ZOJUIST EEN DIEPE ZUIVERING ONDERGAAN

HET OOG VAN DE WATER DRAAK

Om het Oog van de Water Draak binnen te gaan, moet je puur en open zijn en aanwezig in je hart. In deze openheid zul je de grootsheid van deze grenzeloze, onvoorwaardelijke liefde ontvangen en ervaren. Na het ontvangen van dit geschenk zul je je geroepen voelen om dit in dienstbaarheid te delen met de mensheid en met

Gaia. Door dit te doen, word je een zender van de frequentie die de planeet op dit moment zo hard nodig heeft. Als een vuurtoren zal dit licht uit je Wezen stralen en alles om je heen beïnvloeden.

Maak het jezelf gemakkelijk en ga met je aandacht naar je adem. Als je je gecentreerd voelt, voeg dan de mantra van de Water Draak toe: Mee Ray An Nu Ah Tu I en visualiseer het symbool van zilver en aquamarijn. Terwijl je de mantra laat klinken, stuur je je intentie om vandaag in het Oog van de Water Draak te werken, naar de Water Draak.

Ga dan met je adem steeds dieper je Hartruimte in, steeds openend en verzachtend, openend en verzachtend. Als de Draak Zijn/Haar hoofd niet laat zakken om binnen te komen, word je gevraagd om nog dieper in je Hart gaan en om nog meer te openen. Er zijn ruimtes in het hart die sommigen nog nooit hebben bereikt en dit is de diepte die je moet gaan. Alleen al deze diepte ervaren in je eigen Hartruimte kan genoeg zijn voor één sessie. Het is een ervaring die je eerst onder de knie mag krijgen, zodat je goed voorbereid bent op de ervaringen die je in het Oog opdoet.

Wanneer de kop van de Draak naar beneden gaat, zie je Zijn/Haar prachtige aquamarijne iris rondom een zilveren pupil. Ga deze ruimte in en loop door de hal. Het zal voelen alsof je helemaal door zilver omgeven bent, ervaar dan dat er iets lijkt te bewegen in de schaduwen, net buiten je gezichtsveld. Zodra je beter om je heen kunt kijken, zie je dat zich aan alle kanten van je spiegels bevinden. Ze weerspiegelen alle aspecten van jou, gedurende je hele leven.

Sommige hiervan zijn gemakkelijk om in te kijken, vooral omdat je je nu in je diepe Hartruimte bevindt, terwijl andere spiegels je toch aan jezelf doen twijfelen. Je wordt gevraagd om elke spiegeling die je passeert, elk aspect van jezelf van ganse harte te omarmen en lief te hebben. Dit kan moeilijk zijn. Je ziet jezelf op alle leeftijden in allerlei soorten interacties: bijvoorbeeld als tiener die onbeleefd is tegen een buschauffeur of winkelbediende, als echtgenoot die schreeuwt tegen een kind, als kind dat vuil naar een ander kind gooit, de lijst is eindeloos en uniek in jouw ervaring. Er zullen veel spiegelingen zijn die je vergeten was.

Kijk goed naar elke weerspiegeling en hou hoe dan ook van ze, wetend dat je gelijk God, in goddelijkheid en perfectie bent geschapen, in een fysiek lichaam. Als je vermoedt dat je alles hebt omarmd, zal er nog een laatste spiegel verschijnen, als was het om alles nog eens uit te vergroten: een weerspiegeling van jouw totaalwezen, in alle naaktheid. Kun je dit ook omarmen en beseffen dat ook dit een goddelijke weerspiegeling van God is in het fysieke? Je kunt alleen naar het centrum van het Oog en uit de spiegelzaal, wanneer je echt alle spiegelingen oprecht kunt omarmen en liefhebben.

Als het je lukt, zul je een gloeiend blauw veld om je heen zien van doorschijnend aquamarijn, als het schitterend heldere turkoois van een Caribische baai. Ga in het midden staan of zitten en voel je hartslag synchroniseren met de hartslag van de Draak; jullie adem en puls zijn samen als één uitgelijnd. Je zult vervolgens drijven in de rivier van Genade die onvoorwaardelijke liefde is. Deze frequentie voelt als een thuiskomen en is een van de meest gelukzalige staten van zijn. Je kunt zelfs het geluid van een engelenkoor voelen of horen uit de hoogten van de blauwe bol, waarin je je bevindt.

Terwijl je dit ontvangt en het je vult, zul je je realiseren dat wanneer het binnenkomt en jou opvult, het ook door jou heen gaat, door elke porie in je lichaam naar binnen en naar buiten in alle richtingen. Visualiseer alle mensen, leiders, dieren, natuur, situaties, alle plaatsen in de wereld, letterlijk alles waarvan je wilt dat dit naartoe gaat. Zodra je aan ze denkt, verschijnen ze in de muren om je heen alsof ze zo bevestigen dat ze het voelen.

Blijf op deze plek zolang het goed voor je voelt. Hoe vaker je hier komt, hoe meer deze frequentie zal worden verankerd in alle cellen van je lichaam, zodat je als een zender fungeert, terwijl je je dagelijkse routine doorloopt. Je bent nooit echt losgekoppeld van deze stroom, maar het hebben van een bewuste plek om naar binnen te gaan en op te laden of om verbinding mee te maken, is een handige manier om ons dit grotere deel van onszelf te herinneren.

Dit is het geschenk dat de Water Draak heeft bewaard voor de planeet en voor de mensheid, wachtend op het juiste moment om het te openen. Water, de best beschikbare geleider én het grootste deel van ons lichaam en van de planeet zijn ervan gemaakt; dat is geen toeval. Water is de geleider waarlangs de transmissies van de onvoorwaardelijke liefdesfrequentie direct door de fysieke vlakken kunnen bewegen.

Geniet van deze ruimte en keer er vaak naar terug. Elke keer word je op dezelfde manier getest, alhoewel het niet echt als een test is bedoeld; meer als een voorbereiding om het lichaam volledig te zuiveren om zo op het diepste niveau te kunnen ontvangen. Dit is waar alle 'tests' van de draken over gaan. Zij willen ons niets van hun gaven ontzeggen. Ze hebben eeuwenlang gewacht om deze te delen, maar weten ook hoeveel schade ze kunnen aanrichten zonder de juiste voorbereiding of inwijdingen.

Wanneer je klaar bent om de sessie te beëindigen, richt je je aandacht op de Water Draak en stuur je een golf van dankbaarheid, samen met de erkenning van wat je hebt ontvangen en de vraag om weer naar binnen te mogen in de toekomst. Je zult voelen dat de doorgang begint te openen naar een zilveren gang die je terug naar buiten zal brengen. Terwijl je de gang verlaat, kun je langzaamaan je bewuste focus weer terugbrengen naar je fysieke lichaam en de ruimte om je heen.

Je zult je eerst zwaar voelen door de diepte van de ruimte waarin je bent geweest, maar naarmate je terugkeert naar een volledig bewustzijn in het lichaam, voel je je licht, bijna duizelig, alsof er een elixer door je aderen borrelt. De kinderlijke verwondering van onze jeugd keert hiermee terug, alsook een speelsheid, die de hele dag (of langer) duurt. Het zou kunnen dat anderen nieuwsgierig naar je kijken, alsof ze proberen te achterhalen waarom je er vandaag zo anders uitziet. Men kan er gewoon geen vinger op leggen wat het is. Glimlach, innerlijk wetend dat je als een vuurtoren schijnt. Je bent geweldig dienstbaar aan de wereld!

DRAKEN OVERZICHT

Rijk	Draak	Verbinding	Doel	Steen	Mantra
Aarde	Aarde	Ishtar	gronding manifestatie in fysieke werkelijkheid	Moldaviet	Mee Tu Am Na Hay Rua
	Lucht	Kwan Yin	zet informatie/energie om in bewustzijn	Amber en geel Topaas	Mee Ru Ah Tu Nay Ah Oh
	Vuur	Isis	verbrandt blokkades, voedt manifestatie	Carneool	Bah Tu Haa Beesh Tau Hay
	Water	Lady Nada	geleider voor informatie/energiestroom	Aqaumarijn	Mee Ray An Nu Ah Tu I
Intergalactisch	Zwart	Aartsengel Michaël	zuivert schaduw, primordiale kracht	Carborundum	Bee Shto MI Tu
	Witte	Aartsengel Melchizedek	creatie, activatie, gronding	Opaal	Mee Ray An Nu I
	Kristal	Aartsengel Metatron	activeren van kristallijne matrices/geometrieën	Diamant	Mee How Tay NI Mee Ra Tu Ha
Interdimensionaal					
Orion	Koper	EL-linkerster in Orions riem	wijsheid, Halls of knowledge	Ruwe koper	Huu Raa
	Zilver	AN-middenster in Orions	vrede, hart openen naar onvoorwaardelijke liefde	Ruw vloeibaar zilver	Huu Eee
	Goud	RA-rechterster in Orions riem	bescherming en kracht, uitbreiden/versterken	Ruw gouderts	Mee Raa
Sirius	Sirius A	Vrouwelijke aspect	vrouwelijke balancering	Vloeibaar titanium	May-er-khan Ong Ro
	Sirius B	Mannelijke aspect	mannelijke balancering	Vloeibaar kwik	Amer-khan Haa Tu
	Sirius C	Heilig huwelijk	activeren van lemniscaat	Vloeibaar platinum	Ash-er-khan Ir Ma
Kern van Aarde	Tiamat	Schaduw	bewaker van schaduw		
	TiaNNu	Licht	holenmoeder van drakennest, schenkt tederheid en genade		TiaNNu Ru An Nai
	BaRaha	Balans	draakt kracht en moed		BaRaha Hu Anu
Midden Aarde	Rubijn	Merlijn	straalt waarheid uit		
	Saffier	Arthur	groeps alchemie		
	Smaragd	Morgana	verleent individuele alchemie		Jez-eera-Bel U Na Ru
Zon	SoRaNum				SoRaNum
Maan	Rahu	Zuidknoop	liefdevolle gelukzaligheid van innerlijke heelheid		
	Ketu	Noordknoop	liefdevolle gelukzaligheid van innerlijke heelheid		
Solaris, 10e Planeet	NinuRa		bewaker van informatie voor do mensheid		
Andromeda	Enngg Maaaa		navelstreng van universum, portaal naar het volgende universum		

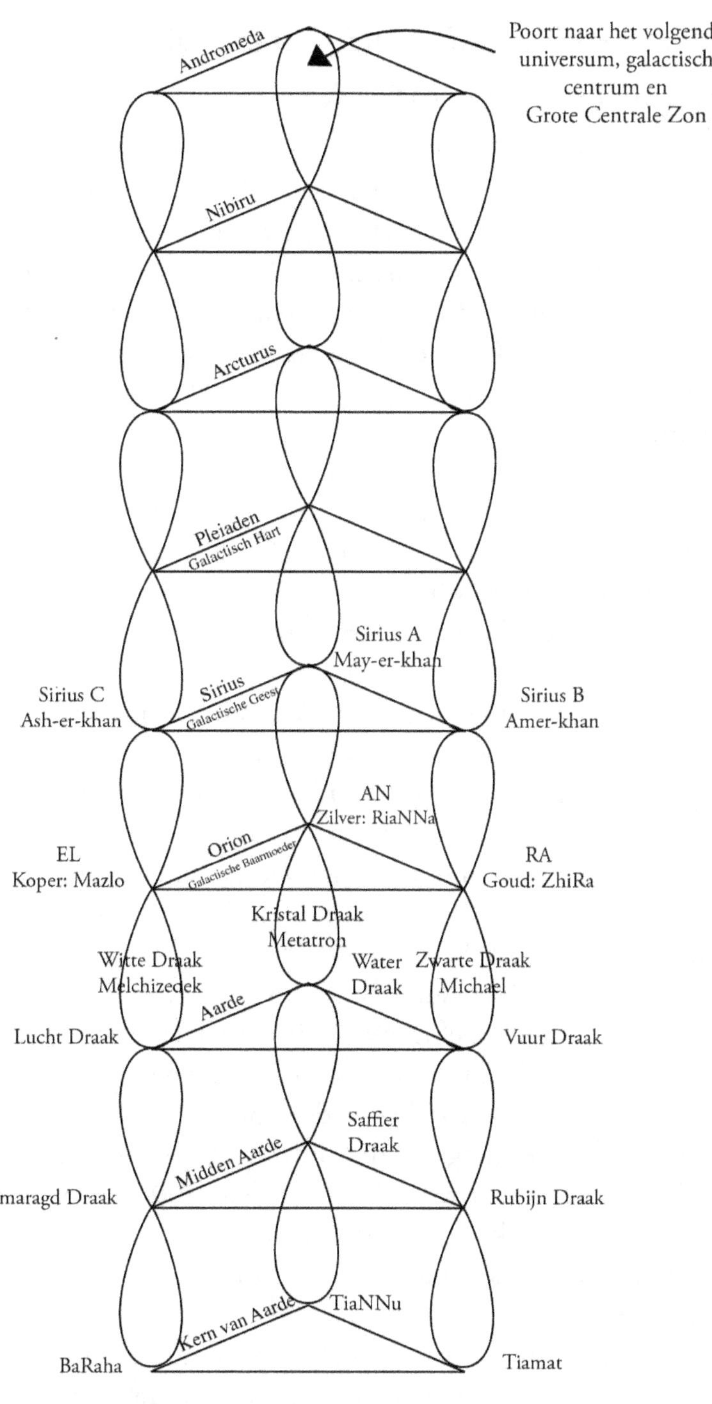

WIJSHEID LIEFDE STROOM
Rishis/Boeddhas Tibetaanse tradities Egyptische tradities

DRAAKHIERARCHIE/ENERGIESTROOM BINNEN ONZE GALAXY

Dit diagram geeft de herkomst van de draken aan, evenals dat van de stroom van energieën die vanuit de Grotere Centrale Zon. Elk sterrenstelsel is een afstappend station (of een opstapje voor de omgekeerde stroom) waar de energieën door het volgende niveau in de hiërarchie van de afstammingslijn in een bruikbare vorm kunnen worden vertaald. Onze evolutie en afdaling naar de driedimensionale rijken op het aardvlak liepen door elk van deze systemen en naarmate ons ascensieproces vordert, komen de hogere trillingen met de informatie van elk van deze systemen weer beschikbaar.

Zoals uitgelegd bij het hoofdstuk Geometrie van de Drakenenergieën, zijn de licht/energiegolven op hogere trillingsniveaus kort en snel, terwijl die van de lagere niveaus langer en langzamer zijn. Met elke neerwaartse stap wordt de golf dus langer en langzamer.

Momenteel lijkt er met de draken te worden gewerkt tot op het niveau van het Sirius-systeem. Een paar hebben zich laten zien in de hogere systemen, maar pas als er genoeg mensen klaar zijn om met hen - en de hogere energieën die zij dragen - te werken, stellen ze hun werk beschikbaar. Dit is nog niet het geval en hun wijsheid zal hoogstwaarschijnlijk doorkomen en onthuld worden in een tweede boek of in een workshop.

Elk van de lijnen van afkomst is geassocieerd met een van de kernfundamenten: Liefde, Wijsheid en Kracht; deze balans maakt evolutie mogelijk. Dus wanneer we omhooggaan via de afstammingslijn van bijvoorbeeld Liefde, komen we langs steeds hogere octaven van deze energie in de vorm van TiaNNu, de Saffier Draak, de Water Draak, de Kristal Draak, de Zilver Draak en de draak van Sirius A, May-er-khan. De draken binnen driehoeken of binnen lijnen werken vaak samen, zoals je tijdens je reis met hen kunt ontdekken.

De Zwarte, Witte en Kristal Draken (zie hoofdstuk Geometrie van de Drakenenergieën) zijn een beetje speciaal, omdat ze een driehoek vormen met aartsengelen tussen de niveaus van Orion en de aarde.

VERSCHIL TUSSEN MANNELIJK EN VROUWELIJK EN HET INZETTEN VAN BEIDE

Je zult in het werken met de Elementale Draken ontdekken dat er specifieke mannelijke en vrouwelijke aspecten van elk zijn die naar voren komen. Deze worden in elke sectie beschreven voor de specifieke Elementale Draken en ook hoe je ze kunt samenvoegen en welke ervaring dat kan opleveren. Voor veel aspecten is het een persoonlijk, organisch proces, aangezien elke draak op een subtiel andere en unieke manier met ons deelt.

Het verschil in ervaringen voor mannen en vrouwen zit hem vooral bij de activering van de Baarmoeder/Hara Draken. De mannen in de baarmoeder-/schootactivatie kringen delen een redelijk vergelijkbare ervaring met de vrouwen in de groep. Ze voelen dezelfde fysieke sensaties in de baarmoederruimte en hetzelfde soort van scheppende kracht ontwaken; ze hebben ook zeker een naam voor deze ruimte, zoals alle vrouwen hebben.

Mannen zullen deze dingen ervaren, maar meestal zijn het de vrouwen die worden opgeroepen om te ontwaken en zij activeren deze energieën eerst, om vervolgens de mannen wakker te maken. Ik juich in ieder geval alle mannen toe die hierin vooroplopen en de weg wijzen.

WAAROM ZIJN MENSEN BANG VOOR DRAKENENERGIEËN EN HET GEBRUIK ERVAN OF VAN DRAKEN ZELF; ZIJN HET DUIVELAANBIDDERS/ KWAADAARDIGE ENTITEITEN?

Er is door de eeuwen heen veel angst gegenereerd rond draken en velen zijn bang om hun energie te gebruiken. Het zit opgesloten in onze cellulaire herinneringen aan de tijdperken waarin de draken van de planeet werden verdreven (zie hieronder). Alle wezens in deze dimensie, inclusief mensen, dragen de dualiteit van zowel verdichting (of kwaad zoals sommigen het noemen) als Licht in hun aard. Inherent daaraan kunnen alle wezens beide kenmerken uitdrukken. De meeste dieren zullen enkel agressie vertonen wanneer ze worden bedreigd.

De draken kregen een reputatie als angstaanjagende beesten, omdat er op ze werd gejaagd en zij zichzelf verdedigden. In hun meest ware aard zijn zij liefdevolle beschermers. Zelfs Tiamat, de moeder van chaos en vorm - de meest dichte energie die beschikbaar is - is in haar diepste kern vol van het grootste Licht. Het is dat we haar storen in haar beschermende rol als Moeder en zo de toorn voelen die ze kan dragen.

Wanneer je voor het eerst vanuit je hart verbinding maakt met een draak, zul je de diepe Liefde die ze met zich meedragen begrijpen, omdat ze uit dezelfde Bron komen als wij.

WAAROM ZIJN ZE VAN DE PLANEET VERDWENEN?

Tijdens de kruistochten ontstond er angst voor de draken, gecreëerd door een regime dat alle natuuraanbidding wilde vernietigen. Of het nu voor de bomen, de godin, de aarde of de dieren (inclusief de draken) was. Er waren kruistochten om op hen en hun aanbidders te jagen en hen te doden.

De draken verdwenen, omdat ze hier niet meer begrepen of

gewild werden. Ze bestaan nog steeds in de nevelen en velen slapen in de heuvels rondom het platteland van Europa bijvoorbeeld. Veel energiewerkers die een drakenverbinding hebben, ontdekken - vooral in het laatste decennium - draken in de heuvels, klaar om te worden gewekt.

INDIVIDUEEL WERK VERSUS GROEPSWERK; GELOKALISEERDE PLAATSEN VERSUS HEILIGE PLAATSEN

Alle drakenenergie-oefeningen die in dit boek worden beschreven, kunnen individueel of in groepen worden gedaan. Zoals bij het meeste energiewerk, draagt de groepsdynamiek exponentieel bij aan de energie-ervaring. Werken met een getrainde begeleider is nog krachtiger, net als werken op locatie op heilige plaatsen of op locaties met hoge aardse energie, zoals beschreven op de Michael Lijn door Europa.

Er zijn veel krachtige gebieden op de wereld waar je de energie van bepaalde draken krachtiger zult voelen dan van andere draken. Je hoeft echter niet de hele wereld over te reizen om de kracht van je verbinding met de draken te ervaren. Waar je ook bent, ze wachten om je te ontmoeten en ze zullen naar je toe komen.

Dankbetuigingen

Dank aan Padma voor het faciliteren van mijn ontwaken en herinneren van de prachtige draak die ik ben; zonder dit had niets van deze informatie, die zo lang begraven was geweest, naar de oppervlakte kunnen komen om met de wereld te worden gedeeld. Ik ben hem ook eeuwig dankbaar voor de hulp bij het verankeren in dit project, voor zijn stimulans om nog meer te zien, het bewerken ervan en vooral het ondersteunen van mijn persoonlijke proces.

Dank aan mijn ouders die consequent en onvoorwaardelijk de wendingen van mijn reis steunen en de vrienden die luisteren en steunen zonder vragen - Bev, Gail, Carol - en die het mogelijk maken voor mij om me steeds dieper in deze reis te verdiepen.

Dank aan mijn zus voor de liefdevolle zorg voor mijn geliefde harige vrienden, zodat ik lange tijden weg kon zijn bij de totstand-koming van dit werk.

Dank aan Angie (TiMonRa) en Whitney (AnRa) voor hun onge-looflijk bewuste artwork op de omslag en symbolen.

Dank aan Rachel (Frans), Rosa (Spaans) en Willeke (Nederlands) voor het zo perfect, gracieus en met zoveel liefde vertalen van dit werk.

Dank aan Solara en haar werk, dat het begin van dit ontwaken in mij mogelijk heeft gemaakt.

P Bovenal moet ik alle Draken bedanken voor het delen van hun kennis, liefde en geheimen met mij... zonder hen zou deze in-formatie er niet zijn.

Hallo. Mijn naam is Araya AnRa. Net als jij ben ik veel dingen en speel ik verschillende rollen: als vriend, moeder, zus, leraar, student, werknemer, bedrijfseigenaar, genezer – en tegelijk is elk daarvan slechts een heel klein aspect van de vonk van Moeder/Vader God die ieder van ons draagt. is. Wij zijn zovee.

Ik heb vele malen gefaald. Ik ben vele malen verbrijzeld. Elke keer, in de nasleep van genezing, merk ik dat ik opnieuw opsta als een feniks; elke keer herboren word in een hoger aspect van mezelf; een stap dichter ben bij het kennen en realiseren van Gods perspectief op wie ik werkelijk ben. Met elke stap in volledige overgave en een hartgedreven verlangen om te groeien, breidt mijn verbinding met alles buiten het fysieke vlak zich verder uit. De helderheid neemt toe en kristalliseert zich uit over de volgende stap, de onderliggende blokkade, bij wie of waar ik terecht kan voor hulp. We hebben allemaal sleutels voor elkaar.

Gods perfecte Wet van Aantrekking brengt onze perfecte spiegels op ons pad (hoe boos en lelijk ze ook lijken). ALS we bereid zijn er diep in te kijken, kan genezing en verandering plaatsvinden.

Mijn echte opening naar mijn ware zelf begon in 2002. Een innerlijke stem leidde me ertoe mijn baan op te zeggen en de tijd te nemen om naar binnen te gaan. Ik was doodsbang, had een hypotheek en veel dierenvrienden om te voeden, en had geen idee hoe ik de rekeningen moest betalen. Het was de meest transformerende tijd in mijn herinnering, waarmee de reis van ontwaken voor mij begon. Het was in het klooster van die koude, besneeuwde winter in Wyoming, dat ik als genezer opnieuw verbinding maakte met mijn Zelf. Het was alsof ik me dingen herinnerde die ik al lang voordat ik in dit lichaam werd geboren, kon doen.

Precies 9 jaar daarvoor leerde ik mediteren in een boeddhistisch klooster in Zuid-Thailand en liet het vervolgens weer los. Later bleek meditatie de toegangspoort te vormen tot het kennen van mijn gidsen en mijn toekomstige vrijheid. Over een krachtig hulpmiddel in de gereedschapkist gesproken! De ervaring van het leren van de kunst van het mediteren was de draai van 180 graden, die tot zoveel andere situaties heeft geleid. Ik begon in februari 2003, een volledige cyclus van negen jaar later, les te geven en meditatie te delen, gebaseerd op mijn eigen ervaring en door mij over te geven aan de innerlijke stem van de Geest die mij op één lijn probeert te brengen met mijn zielsdoel.

Zelfs met deze geheel nieuwe set gereedschappen in 2012, merkte ik dat ik opnieuw verbrijzeld was. Het voelde alsof mijn leven ontplofte, nadat ik eindelijk op een plek was aangekomen waar ik mijn droom waarmaakte, door workshops te geven en sessies te geven door heel Europa. Ik verloor mijn huwelijk, mijn werk, mijn geloof in mezelf... en kwam terug naar Reno, want daar is mijn familie. Ik voelde mij totaal mislukt en totaal verloren, en moest mijzelf bij elkaar rapen voor mijn driejarige zoon.

We kunnen de langzame route kiezen. En we kunnen naar voren gelanceerd worden. Beide zijn geschikt, afhankelijk van verschillende fasen van onze reis. Het kostte mij vier jaar van innerlijke cocooning om te herstellen en te genezen van deze explosie. Vier jaar is tegelijkertijd een minuscuul gegeven in het grotere geheel van onze reis naar Liefde. En toen voelde ik weer hoe mijn gidsen mij op de schouder tikten en zeiden: 'Het is tijd. Laten we weer verder gaan.' Dus begon ik weer te luisteren en te vertrouwen. Met twee pre-artritische duimgewrichten schreef ik me in voor een reflexologie certificeringsprogramma. Na tien sessies in het practicum werd opeens glashelder waarom.

Ik pakte al mijn energiewerk en paranormale gaven weer op, die ik voor een periode op de plank had gelegd en zij begonnen een brug te vormen met het fysieke werk dat met de persoon op tafel gebeurde. Ik begreep nu het nieuwe prachtige paradigma van het hele pakket dat in één keer geheeld en verschoven werd. En ik merkte dat mijn verbinding met de andere kant sterker en duidelijker was dan ooit tevoren, dat deze energie door mij stroomde en dat mijn verlangen om dienstbaar te zijn aan de groei van anderen nog veel groter was dan voorheen.

Van daaruit kwam de stroom in beweging: de Truckee River kwam in de voorjaarsdooi. Cliënten voor sessies op afstand bleven mij vinden via mijn oude website, mijn nieuwe reflexologiecliënten behaalden grote veranderingen voor mijn ogen en -zoals gebeurt wanneer we in de flow zitten- bleven de synchroniciteiten op mijn pad zich afstemmen op de volgende stap, de volgende stap en de volgende stap. Zo ontstond Invoke Healing International. Mijn kleine visie bleek veel groter dan ik had verwacht! En nu blijft het alleen maar groeien via mijn Facebook-gemeenschap en mond-tot-mondreclame.

Dus wie ben ik? Eerst en vooral ben ik een kind van Moeder/Vader God op reis naar Huis. Mijn persoonlijke uitdrukking van God is als een genezer, een voorbode van verandering, een katalysator en brug naar het verwijderen van blokkades en het vinden van een grotere Waarheid voor elk van de zielen die zich klaar voelen om hier in te duiken.

Araya is door de American Federation of Certified Psychic Mediums gecertificeerd als paranormaal begaafde, medium, engelkanaal en energiegenezer via het Universal College of Reflexology gecertificeerde als reflexologiebeoefenaar . Ze wordt door sommigen ook liefkozend betiteld als The Dragon Lady, omdat ze een unieke relatie heeft met de Draken, waardoor ze anderen die de Draken ervaren kan begeleiden om ze te begrijpen, contact met ze te maken en door hen genezen te worden.

Het was in september 2007, nadat ze een workshop in Kona, Hawaï had bijgewoond en haar verbinding met haar DragonHeart Self had geactiveerd, dat ze naar Glastonbury werd geleid, waar ze deze geweldige gids kon laten ontstaan om met de draken te werken – The Dragon Within – wat nieuwe niveaus van mogelijkheden heeft geopend voor al zijn lezers.

CD Tracks
"DRAKEN ADEM"

1. Aarde Draak

2. Lucht Draak

3. Vuur Draak

4. Water Draak

5. De Elementale Draken

6. De Zwarte Draak

7. De Witte Draak

8. Samenvoeging van de Zwarte en Witte Draken

9. De Kristal Draak

10. De Goud Draak

11. De Zilver Draak

12. De Koper Draak

13. Ee RiaNNa Hum Na Ay

Voor uw digitale kopieën van de mp3-tracks op de cd kunt u hier terecht: http://dragonwithin.com/drakenademcd